Javier Teixidor

Le judéo-christianisme

Gallimard

Dans la même collection

(extrait du catalogue)

Pierre Bordreuil et Françoise Briquel-Chatonnet,
Le temps de la Bible (préface de Javier Teixidor), n° 122

Jean Bottéro,
Naissance de Dieu. La Bible et l'historien, n° 49 ; *Mésopotamie. L'écriture, la raison et les dieux*, n° 81 ; *La plus vieille religion. En Mésopotamie*, n° 82

Collectifs,
Le monde de la Bible, n° 88 ; *Aux origines du christianisme*, n° 98 ; *Les premiers temps de l'Église*, n° 124

Israel Finkelstein et Neil Asher Silberman,
La Bible dévoilée. Les nouvelles révélations de l'archéologie, n° 127

Après avoir étudié les langues sémitiques à Rome et à Paris, Javier Teixidor a travaillé et participé à des fouilles de 1961 à 1968 en Jordanie, au Liban, en Syrie, au Soudan et en Irak. Il a été professeur à la Columbia University de New York de 1968 à 1978 et, après un passage au CNRS comme directeur de recherche puis comme directeur de l'Institut du Proche-Orient ancien, il a été élu professeur au Collège de France en 1995. Titulaire d'une chaire d'Antiquités sémitiques, il a consacré ses cours à l'histoire de Palmyre, à la philosophie en syriaque et aux Araméens. Il est professeur honoraire au Collège de France depuis 2002.

À Sylvie Lackenbacher

INTRODUCTION

Ce livre n'est pas une histoire abrégée des relations entre le judaïsme et le christianisme pendant deux mille ans mais une somme de réflexions sur le judéo-christianisme, une notion qui a acquis de nos jours une nouvelle résonance sans qu'elle en soit devenue pour autant moins imprécise ; cela n'est pas étonnant puisque tout au long de leur parcours judaïsme et christianisme ont *décanté* non pas une mais plusieurs notions de « judéo-christianisme ». Une certaine volonté actuelle d'accoler les deux religions peut réveiller chez les juifs et les chrétiens le souvenir de rencontres bénéfiques mais aussi celui de confrontations pénibles dans lesquelles les uns et les autres avaient oublié l'origine commune de leurs croyances. Le fait historique fondateur de la notion de judéo-christianisme, quelle que soit l'interprétation qu'on a pu donner de celle-ci, reste bien entendu que Jésus était juif et que les apôtres l'étaient aussi ;

la nouvelle religion qu'ils apportèrent au monde était née en Judée où les livres de l'Ancien Testament étaient lus et commentés. Le christianisme ne peut qu'être redevable des convictions du judaïsme du Ier siècle de notre ère ; il s'en dégagea comme un fruit de la branche qui le portait.

Au début, il y avait des juifs convertis au christianisme qui continuaient à observer les rites juifs et qui, au-delà des pratiques traditionnelles, plaçaient croyances et notions religieuses dans le contexte exclusif de l'Ancien Testament. Ce phénomène « judéo-chrétien » de coexistence de cultures religieuses se manifeste à nouveau aux VIe et VIIe siècles quand le pouvoir civil, au nom de la religion d'État, força les juifs à se convertir au christianisme ; le principe que « la religion » devait être « celle du roi » s'imposa. Plus tard, les tribunaux européens de l'Inquisition firent preuve de compétence et de détermination quand il s'agissait de libérer la *vraie* religion de toutes les déviations judaïsantes. Mais au-delà de ces considérations, qui restent du domaine de la conscience individuelle, notre culture elle-même peut à juste titre être décrite comme une culture « judéo-chrétienne ». Rien ne permet pourtant d'amalgamer judaïsme et christianisme, même si pendant la seconde moitié du XXe siècle le judéo-christianisme a pu être le sujet de maint écrit théologique et si des personnalités ecclésiastiques et politiques s'en sont parfois servies — et s'en servent encore — pour renforcer la thèse que les chrétiens se sentent plus proches du judaïsme que de l'islam. Aujourd'hui, les mots judaïsme et christianisme, entendus ou lus, sont présents plus que jamais dans la vie de tous les jours, mais leur signification religieuse, ou autre, prend forme dans le for intérieur de chacun d'après une herméneutique personnelle (parfois de groupe) qui tend à oublier ce que ces deux religions ont accompli au long des siècles. L'antisémitisme ronge notre société depuis plus de deux mille ans. Il était déjà virulent à l'époque hellénistique à Alexandrie comme à Babylone, où des émeutes mettaient bien en évidence la complexité des rapports entre les communautés juive, grecque et syrienne.

Hans Küng, professeur de théologie à l'université de Tübingen, dans un livre qui obtint dans les années 1970 un grand succès de librairie, tire les conclusions suivantes : « Sans judaïsme, point de christianisme ! La Bible des premiers chrétiens, c'était l'Ancien Testament. Les écrits du Nouveau Testament sont devenus la Bible par annexion à l'Ancien. L'évangile de Jésus-Christ suppose partout et très consciemment la Torah et les prophètes. Selon la conception chrétienne, c'est le même Dieu du jugement et de la grâce qui parle dans l'un et l'autre Testament. » Puis l'auteur se pose la question : « Pourquoi donc, malgré l'universalité de son monothéisme, le judaïsme n'est-il pas devenu une religion universelle de l'humanité ? Pourquoi ce destin a-t-il été réservé au nouveau mouvement issu de Jésus : le christianisme[1*] ? »

Il est certain que si l'on s'en tient au texte de l'Évangile de Matthieu, on dira que la nouvelle religion ne pouvait être autre que juive. Jésus lui-même envoya les Douze en mission avec les recommandations suivantes : « Ne prenez pas le chemin des païens et n'entrez pas dans une ville des Samaritains : allez plutôt vers les brebis perdues de la maison d'Israël » (10, 5-6) et « Si l'on vous pourchasse dans telle ville, fuyez dans telle autre, et si l'on vous pourchasse dans celle-là, fuyez dans une troisième ; en vérité je vous le dis, vous n'achèverez pas le tour des villes d'Israël avant que ne vienne le Fils de l'homme » (10, 23). Ou bien cette affirmation catégorique : « Je n'ai été envoyé que pour les brebis perdues de la maison d'Israël » (15, 24). Or, dès le commencement, les juifs refusèrent la profession de foi en Jésus, montrèrent leur hostilité à l'égard de la nouvelle communauté

* Les notes ont été regroupées à la fin de l'ouvrage, p. 275.

religieuse, et l'histoire du pharisien Saul, avant qu'il devienne le Paul chrétien, montre bien que les juifs excluaient les chrétiens de la communion juive et les persécutaient. Le rôle apostolique de Paul, citoyen romain né à Tarse, fut prééminent aux origines du christianisme par ses voyages et par ses écrits. De Jésus, prédicateur galiléen de langue araméenne et de culture hébraïque, en revanche, nous n'avons que des textes écrits en grec qui ne lui furent pas contemporains. Aux Évangiles de Matthieu, Marc, Luc et Jean qui narrent et glosent sa vie et ses miracles en Palestine il faudra toujours ajouter les Épîtres de Paul dont le rayonnement intellectuel à travers les différentes communautés évangélisées, d'abord de la Méditerranée orientale et, plus tard, de l'Occident, fit de lui l'inspirateur de l'idée d'une Église universelle. Le message chrétien à ses débuts trouva en Palestine le milieu le plus propice pour son expansion, puis dans tout l'Empire romain, puisque la religion juive était alors universellement connue grâce à la présence de communautés urbaines serrées, organisées avec leurs catéchèses et leurs réunions liturgiques, juifs et prosélytes professant tous de solides principes d'éthique sociale et privée ; cela invitait, peut-on penser, à la diffusion de nouvelles idées qui devaient apporter le bonheur à la société. De cela Harnack, le théologien et grand historien des premiers siècles de l'ère chrétienne, conclut, suivant là Renan, que le christianisme, se servant des bénéfices que le judaïsme avait apportés à la société, enleva à l'ancienne religion les mérites de son développement : le christianisme aurait donc profité d'une moisson qu'il n'avait pas préparée. La réalité historique me paraît plus complexe, car le christianisme se construisit très tôt sa propre identité.

Le judaïsme et le christianisme ont façonné la vie religieuse et culturelle de ce que nous, installés en Europe, nous appelons l'Occident : la portée de l'une et de l'autre religion ne peut aucunement nous échapper. Or judaïsme et christianisme ne constituent pas un tout parce que les deux religions sont extérieures l'une à l'autre nonobstant que celle-ci suit de près celle-là ; il n'y a pas de continuité, car il n'y a continuité que lorsqu'une même limite est terme et commencement. Ces religions se côtoient, mais elles ne se confondent pas ; elles sont organiquement différentes l'une de l'autre, et cela devrait vider de contenu toute forme religieuse d'antisémitisme parce que cet antisémitisme-là brouille les frontières, amalgame les croyances et semble vouloir accuser injustement les juifs de nier l'envergure religieuse et culturelle du message chrétien.

Historien des cultures anciennes de l'Asie occidentale, j'ai voulu éclaircir mon propre horizon mental en examinant comment judaïsme et christianisme ont coexisté à certains moments de l'histoire. Je sais que les origines puis le développement du judaïsme et du christianisme ne peuvent pas être commentés en quelques pages ; il y est possible pourtant de définir leurs contours, de relever l'importance, voire l'intérêt de certaines prises de position à l'égard de ces religions dans le passé pour réfléchir sur le présent en essayant de ne pas blesser les sentiments des uns et des autres. À peine issu du judaïsme, le message du Jésus historique allait s'épanouir dans l'hellénisme ambiant. Cet événement soulève et soulèvera toujours des questions et des réponses. Ici, j'ai voulu livrer quelques remarques sur ce que judaïsme et christianisme furent aux premiers siècles mais surtout sur ce qu'ils ont représenté plus tard aux époques moderne et contemporaine.

Dans ma recherche, j'ai suivi deux fils conducteurs : l'un est l'étude de l'allégorie comme moyen de connaissance et d'illustration ; l'autre, l'origine et la mise en valeur de l'article de foi. Avec l'allégorie, le christianisme s'approprie le livre du judaïsme, l'Ancien Testament, en le considérant comme le précurseur et la justification du Nouveau ; avec la formulation dogmatique, l'Église chrétienne présente à l'éventuel fidèle une série de croyances qu'il devra accepter, lui proposant d'emblée la « conversion » à un nouvel ordre de réalités, la vraie *metanoia* qui lui permettra de passer au-delà de ce qui constitue son monde habituel. Allégorie et conversion se coordonnent dans mon discours ; à aucun moment, on n'oubliera que juifs et chrétiens lisent l'Ancien Testament différemment : pour les premiers, il est un point d'arrivée, pour les seconds, le départ vers la « bonne nouvelle ». Aux époques moderne et contemporaine, les réflexions d'historiens et de philosophes dont il sera question dans les deux derniers chapitres me semblent éclairer les divergences qui séparent judaïsme et christianisme sans pour autant les opposer.

1

L'IMPORTANCE DE L'HELLÉNISME

La politique de Rome à l'est de l'empire aida à donner au message chrétien un caractère propre en le sortant du cadre géographique et politique de la Palestine. On accepte volontiers la thèse de Mommsen selon laquelle l'empereur Vespasien, avec la prise de Jérusalem et la destruction du Temple, avait voulu non pas s'attaquer à une religion mais à un État religieux. Considérée comme un point de référence pour les juifs dispersés, cette puissance locale était incompatible avec l'autorité du grand empire temporel créé par Rome ; en 70, Vespasien avait en effet fait la guerre au grand prêtre et au sanhédrin. Il y avait parmi les juifs, comme parmi leurs alliés en dehors de la Palestine, des personnes qui tenaient à la loi morale et au monothéisme du judaïsme plutôt qu'à son caractère national, et la chute de Jérusalem ne dut pas signifier pour elles la fin du monde. En détruisant le sanctuaire central de la religion juive, Rome n'avait fait que précipiter sans le savoir la séparation des chrétiens du judaïsme. La donne politique contribua à changer le cours de l'histoire puisque la foi chrétienne put se libérer dès l'abord de tout attachement national, puis les persécutions contre les premiers adeptes de Jésus d'origine hellèniste qui habitaient Jérusalem différencièrent davantage les positions religieuses de juifs et de chrétiens.

La division des premiers croyants en Jésus en Hébreux de Palestine et Hellénistes de la diaspora se fit sentir très tôt. Les juifs « hellénistes » étaient appelés ainsi parce qu'eux-mêmes ou leurs pères, ayant vécu hors de la Palestine, parlaient le grec. Cette séparation, plutôt d'ordre politique, témoigne d'un clivage profond, antérieur à la naissance de Jésus ; elle conditionnait la diffusion de la nouvelle religion, comme le met bien en évidence la persécution déchaînée par le sanhédrin contre les juifs hellénisés qui avaient accepté l'enseignement de Jésus. Quand les apôtres cherchèrent de l'aide pour organiser la communauté qu'ils venaient de créer, les sept personnes élues étaient des Hellénistes (*Actes*, 6, 1-6). L'un d'eux, Étienne, mourut, semble-t-il, lapidé pour avoir fait un discours dans lequel il avait annoncé, tout en reconnaissant l'origine divine des institutions juives, que le vieil ordre était désormais révolu. Ce sont ces Hellénistes qui, obligés à se disperser pour fuir la persécution, partirent pour diffuser la nouvelle religion hors de la Palestine. Là, ils se trouvèrent certes en compagnie de juifs de la diaspora, mais aussi, et surtout, avec des païens de langue grecque qui par leur culture étaient prêts à accueillir la « bonne nouvelle » avec une disposition d'esprit façonnée par les courants philosophiques de l'époque. Lors d'une assemblée qui eut lieu à Jérusalem quelques années après la conversion de Paul, le champ des différentes missions apostoliques avait été bien partagé, probablement à la suite des persécutions en Palestine. Paul l'écrit dans son Épître aux Galates : « [Les notables] voyant que l'évangélisation des incirconcis m'était confiée comme à Pierre celle des circoncis — car Celui qui avait agi en Pierre pour faire de lui un apôtre des circoncis, avait pareillement agi en moi en faveur des païens —, et reconnaissant la grâce qui m'avait été départie, Jacques, Pierre et Jean, ces notables, ces colonnes, nous tendirent la main, à moi et à Barnabé, en signe de communion : nous irions, nous aux païens, eux à la circoncision » (2, 7-9). L'évangélisation des païens commença par Antioche et se poursuivit par les villes de l'Asie Mineure, Alexandrie devant donc échapper à Paul, l'« apôtre des gentils ». La ville égyptienne resta ainsi, du moins au commencement de l'ère chrétienne, dans la mouvance juive des premiers chrétiens, ce qui ne manqua pas d'importance pour le développement d'un premier groupe de judéo-chrétiens.

Antioche

Antioche joua un rôle de premier ordre lors de la diffusion de l'Évangile à partir de Jérusalem. Ce furent sans doute les Hellénistes dont font état les Actes des Apôtres qui apportèrent l'Évangile à la ville. Ces juifs hellénistes s'étaient opposés aux Hébreux, les juifs autochtones qui parlaient l'araméen mais lisaient la Torah en hébreu. Chassés de Jérusalem par la persécution, les Hellénistes trouvèrent à Antioche un milieu plus favorable à leur volonté missionnaire chez les païens, mais sans doute aussi chez les juifs, car la communauté juive de la ville était puissante depuis l'Antiquité. Pour les adeptes de la nouvelle foi, Antioche était donc le lieu d'où entreprendre l'œuvre d'une évangélisation œcuménique.

Au IIIe siècle avant J.-C., Séleucos Ier avait attiré des juifs vers Antioche en leur accordant le droit de cité grec. Flavius Josèphe, au Ier siècle de notre ère, écrit qu'ils étaient particulièrement nombreux en Syrie, et surtout à Antioche, où ils étaient appelés Antiochiens, leurs droits de cité étant inscrits sur des tablettes de bronze ; quand les habitants de la ville demandèrent à Titus de les détruire, l'empereur refusa de le faire. Les juifs purent garder leurs anciens privilèges même après la prise de Jérusalem et la destruction du Temple. Groupés à part, ils formaient une *politeia* avec ses archontes, qui étaient des chefs religieux et politiques. Ils en étaient venus à posséder plusieurs synagogues ; l'une en particulier était richement décorée avec des ex-voto du temple de Jérusalem dont les successeurs d'Antiochos Épiphane lui avaient fait don. Toutefois, Flavius Josèphe raconte aussi les malheurs qui leur arrivaient de temps à autre, car les rixes entre juifs et païens étaient fréquentes[1].

Antioche pouvait compter au IIIe siècle de sept à huit cent mille habitants. Flavius Josèphe avait bien dit qu'Antioche, après Rome et Alexandrie, « occupait incontestablement le troisième rang dans le monde romain pour l'étendue et la prospérité ». Procope nomme Antioche la première en richesse, en grandeur et en population, de toutes les villes romaines de l'Orient (*De bello pers.*, I, 17). La ville était grecque comme la plupart des grandes villes maritimes méditerranéennes mais, dès que l'on sortait de la ville, on se trouvait en pleine Syrie sémitique. Dans les faubourgs, on parlait l'araméen syriaque[2]. Les autorités romaines ne semblent pas avoir beaucoup aimé Antioche. Hadrien « manifestait tant de haine pour les Antiochiens qu'il voulut séparer la Syrie de la Phénicie afin qu'Antioche ne puisse plus être appelée métropole de tant de cités[3] ». Il ne réussit pas à réaliser ce projet mais Septime Sévère le reprit avant 198 en établissant deux provinces : la Syrie-Phénicie et la Coelé-Syrie avec Antioche. C'est sous Caracalla qu'Antioche devint colonie, mais elle se trouvait soumise à l'impôt comme toute la province de Syrie. Les habitants d'Antioche se vengeaient des empereurs qui voulaient la rabaisser en les raillant. Alexandre Sévère s'était fait traiter par eux de « chef de synagogue syrien » et de « grand prêtre du dieu Héliogabale d'Émèse[4] » ; les gens du pays se moqueront de la longue barbe de l'empereur Julien[5]. Antioche a inspiré aux rhéteurs de copieux discours sur l'insubordination et le relâchement des troupes[6]. C'est à Antioche que régnèrent Avidius Cassius sous Marc Aurèle et Pescennius Niger, le rival de Septime Sévère. Le rhéteur grec Libanius (314-393) se montrera très méprisant à l'égard de la politique romaine en Syrie : « Vous êtes devenus, dit-il à ses concitoyens, la métropole d'Asie, moins par l'élévation de votre dignité que par la présence chez vous de ce qui est pour tous le plus utile de tout » (il fait allusion aux écoles d'éloquence). Pour lui, la ville prétend à une hégémonie sur ses voisins mais n'exerce qu'un patronage moral et culturel.

L'importance que le christianisme prit parmi les habitants d'Antioche, principalement chez les juifs, ne fit qu'accentuer les divergences entre Jérusalem et Antioche à propos des pratiques des premiers adeptes de la nouvelle religion ; ces divergences, fréquentes et significatives de prises de position parfois mal définies, allaient se révéler avec le temps ouvertement antagonistes. Un paragraphe de l'Épître de Paul aux Galates est ici d'un grand intérêt. L'apôtre y remémore sa rencontre avec Pierre à Antioche :

> « Quand Céphas vint à Antioche, je lui résistai en face, parce qu'il s'était donné tort. En effet, avant l'arrivée de certaines gens de l'entourage de Jacques (à Jérusalem), il prenait ses repas avec les païens ; mais quand ces gens arrivèrent, on le vit se dérober et se tenir à l'écart, par peur des circoncis. Et les autres Juifs l'imitèrent dans sa dissimulation, au point d'entraîner Barnabé lui-même à dissimuler avec eux. Mais quand je vis qu'ils ne marchaient pas droit selon la vérité de l'Évangile, je dis à Céphas devant tout le monde : "Si toi qui es juif, tu vis comme les païens, et non à la juive, comment peux-tu contraindre les païens à judaïser ?" »

Il faut ne pas oublier l'élan de l'esprit missionnaire des juifs au tournant de l'ère. Les historiens de cette période l'ont bien remarqué, et cette volonté de prosélytisme juif est d'autant plus étonnante qu'elle n'était pas motivée par une ambition politique. Cette prédication juive fut capable d'aller au-delà de sa configuration nationale, pourtant plutôt marquée, pour instaurer une confession religieuse à l'échelle internationale. Paul résume ce que le missionnaire juif voulait apprendre aux autres :

> « Mais si toi, qui arbores le nom de Juif, qui te reposes sur la Loi, qui te glorifies en Dieu, qui connais sa volonté, qui discernes le meilleur, instruit par la Loi, et ainsi te flattes d'être toi-même le guide des aveugles, la lumière de qui marche dans les ténèbres, l'éducateur des ignorants, le maître des simples, parce que tu possèdes dans la Loi l'expression même de la science et de la vérité, eh bien ! l'homme qui enseigne autrui, tu ne t'enseignes pas toi-même ! tu prêches de ne pas dérober et tu dérobes ! tu interdis l'adultère et tu commets l'adultère ! tu abhorres les idoles, et tu pilles leurs temples ! » (Romains, 2, 17-22).

Les juifs recrutaient des admirateurs et des partisans chez les païens ; ceux qui ne consentaient pas à aller jusqu'à la circoncision devenaient prosélytes, c'étaient les craignants de

Dieu — *oi phoboumenoi ton theon.* Mais cette foule de prosélytes pouvait parfois créer des problèmes. Rabbin Helbo, un Palestinien du IIIe siècle, dit : « Les prosélytes sont aussi pénibles pour Israël que la lèpre pour l'épiderme[7]. »

L'opposition des judéo-chrétiens d'Antioche ou celle de leurs adeptes au judaïsme populaire de Jérusalem n'impliquait pas nécessairement un rejet de tout ce qui était juif. La grande Église ne rejetait pas nécessairement le judéo-christianisme, comme Justin, l'apologiste chrétien de langue grecque né à Naplouse vers 100, semble le confirmer. Dans son *Dialogue avec Tryphon le Juif*, il accepte la conduite de juifs chrétiens qui pratiquaient en même temps la loi juive ; ils seront sauvés, dit Justin dans le chapitre 47 du livre, pourvu qu'ils n'incitent pas à faire de même les gentils chrétiens qui ont été à tort circoncis au nom du Christ. Depuis la naissance du christianisme, c'était en effet l'observance des pratiques juives qui servait de critère infaillible pour définir qui pouvait être considéré comme judéo-chrétien[8]. Le fondateur de la nouvelle religion étant juif, sa doctrine ne pouvait que rester encadrée par des règles de conduite et de culte juives, du moins au commencement, et, bien que pour les premiers chrétiens ce qui avait donné naissance à l'Église fût la résurrection et la glorification du Christ, la foi en lui ne constituait qu'une condition préalable, encore imprécise, pour accepter la nouvelle religion. Le christianisme se formalisa peu à peu. Nous lisons déjà dans un texte du IIe siècle, la *Lettre de Barnabé*, un pamphlet théologique, apocryphe, d'auteur inconnu mais soigneusement conservé dans un recueil de documents du IVe siècle[9], qu'il fallait renoncer au sabbat comme fête juive et le remplacer par le dimanche. À Antioche, l'observation de la Loi juive n'était pas imposée à ceux qui venaient du paganisme, mais les coutumes juives continuaient à être observées par les juifs convertis ; ceux-ci, des *vrais* judéo-chrétiens, ne devaient pas être des légalistes puisqu'ils consentaient à avoir des rapports avec des croyants restés incirconcis.

En parlant des juifs d'Antioche, Flavius Josèphe remarque : « Le nombre de Grecs qu'ils attiraient à leurs cérémonies religieuses ne cessait d'augmenter, et ils avaient fait d'eux en quelque sorte une partie de leur communauté » (GJ, VII, 3, 3). Cet accroissement du nombre et de la puissance des juifs ne pouvait qu'exciter la jalousie et la haine de la population païenne de la ville. Les rixes étaient fréquentes et l'administration impériale devait prendre de temps à autre des mesures contre les juifs, mais cela n'empêcha pas les conversions. Malgré vices et crimes occasionnels, le prosélytisme fit son chemin, et le monothéisme, le respect de la Loi, la recherche d'un ordre social, toutes caractéristiques du judaïsme, firent de cette religion une philosophie qui, par la vie intellectuelle et spirituelle qu'elle demandait de ses adeptes, allait de pair avec d'autres philosophies de l'époque. Il n'est pas étonnant qu'à Antioche les premiers chrétiens eux-mêmes, à cause de l'ambiance dans laquelle ils vivaient, aient subi l'influence juive. Au début du IIe siècle, Ignace, l'évêque de la ville, met en garde contre le péril d'un retour au judaïsme. Ignace est une personnalité qui se fit connaître par ses lettres adressées aux communautés de l'Asie Mineure, ou même de Rome, dans lesquelles il se présente comme l'évêque de Syrie et parle de son Église comme de l'Église de Syrie. Sa théologie, à cette première heure déjà résolument christologique, ne s'avère aucunement influencée par une thématique vétéro-testamentaire ; elle se détache d'une vision judaïsante pour se conformer à l'esprit et à la lettre de l'Église de Rome. Le problème des hérétiques est au centre des préoccupations d'Ignace. Satornil prêchait à Antioche que le Christ n'avait pas eu une réalité physique : c'était la thèse du docétisme. Comme le mot l'indique (*dokeô*), le Christ n'était pour cette secte qu'une apparence. L'évêque d'Antioche rétorque avec éloquence que « Jésus-Christ est vraiment né, qu'il a vraiment mangé et bu, qu'il a vraiment été persécuté, qu'il a vraiment été crucifié, qu'il est mort et qu'il est vraiment ressuscité »

Mais le docétisme continua à trouver de nombreux partisans à Antioche. Après Ignace, Sérapion, évêque de la ville de 190-191 à 211-212, dut lutter pour mettre fin à ce mouvement ; son action nous apprend comment l'autorité ecclésiastique surveillait le problème des hérétiques. Voici la lettre de Sérapion aux chrétiens de Rhosos à propos de l'évangile apocryphe de Pierre :

> « Nous, mes frères, nous recevons Pierre et les autres apôtres comme le Christ lui-même ; quant aux ouvrages qu'on met faussement sous leurs noms, l'expérience nous apprend à les repousser, car nous avons conscience de ne les avoir pas reçus par tradition. Lorsque je me suis trouvé au milieu de vous, je supposais que vous étiez tous dans la rectitude de la foi ; aussi, sans examiner l'Évangile dit de Pierre qu'ils me présentaient, je dis que si l'interdiction de le lire était le seul motif pour lequel je vous voyais déconcertés, on pouvait en faire la lecture. Mais maintenant j'ai appris que mes paroles ont été un prétexte à ces personnes pour s'engager dans l'hérésie : aussi aurai-je soin d'aller vous voir bientôt. Attendez-moi donc[10]. »

Il était parfois difficile de définir qui étaient les hérétiques. La concorde entre les communautés s'ouvrait difficilement un chemin à cause de la divergence de doctrines. Vers 254, Denys d'Alexandrie écrit à Étienne de Rome qu'enfin l'unité des Églises s'est accomplie. Voici ses mots :

> « Sache maintenant, frère, qu'elles sont unies, toutes les Églises d'Orient et de plus loin encore, qui étaient naguère divisées ; que tous leurs chefs, partout, ont les mêmes sentiments et se réjouissent, au-delà de toute expression, de la paix réalisée contre toute attente : Démétrien à Antioche, Théoctiste à Césarée, Mazaban à Ælia, Marin à Tyr, car Alexandre est mort ; Héliodore à Laodicée où Thélymidre a quitté la vie ; Hélénus à Tarse et toutes les Églises de Cilicie, Firmilien et toute la Cappadoce : je ne cite les noms que des plus célèbres parmi les évêques, afin d'éviter la longueur pour la lettre et l'ennui dans le discours. Les deux Syries tout entières et l'Arabie, au secours desquelles vous êtes venu en toute occasion et auxquelles vous venez d'écrire, la Mésopotamie, le Pont, la Bithynie et, pour tout dire en un mot, tous, partout, se réjouissent de la concorde et de la charité fraternelle et glorifient Dieu[11]. »

Cependant, l'harmonie ne régnait pas autant que Denys voulait le faire croire. À peine deux ans plus tard, dans la lettre qu'il adressa à Sixte II, le successeur d'Étienne, il est question des divergences importantes qui existaient à l'intérieur des communautés de Cilicie, de Cappadoce, de Galatie concernant la validité du baptême conféré par les hérétiques. L'évêque de Rome le considéra comme valable ; les évêques dépendant d'Antioche estimaient qu'il fallait le réitérer. C'était une brèche dans l'unité qui donna l'occasion à Antioche de faire bloc avec la Cilicie, la Cappadoce, la Galatie. Déjà à l'époque de Sérapion, à la fin du IIe siècle, nous trouvons un premier indice de l'indépendance que l'Église d'Antioche voulait gagner en Orient. La position de cette Église dut se consolider avec lui si l'on pense à son activité épistolaire ; elle témoigne du prestige du siège parmi les évêques des villes voisines[12]. L'influence d'Antioche s'étend jusqu'à Séleucie du Tigre, se fait sentir sur les Églises de l'Asie Mineure et de l'Osroène au nord de la Mésopotamie, s'il faut en croire le récit par lequel se termine la *Doctrine d'Addaï*, un document en araméen syriaque du Ve siècle qui rassemble des traditions anciennes d'Édesse, la ville au sud-est de la Turquie actuelle. On peut lire le témoignage suivant sur Antioche :

> « Parce qu'Aggaï, les jambes brisées, était mort précipitamment et soudainement, il ne fut pas possible que les mains fussent imposées à Palout. Celui-ci se rendit à Antioche et reçut l'ordination sacerdotale des mains de Sérapion, évêque d'Antioche, lequel Sérapion évêque d'Antioche avait lui aussi reçu l'imposition des mains de Zéphyrin, évêque d'Antioche, qui avait transmis l'imposition des mains de la prê-

trise de Simon Pierre, qui l'avait reçue de Notre Seigneur. »

L'évêque de Rome était alors Zéphyrin, et on a pu remarquer qu'un autre manuscrit contemporain porte « Zéphyrin, évêque de Rome », non pas « d'Antioche » ; la variante est d'importance. Nous avons ici « une tendance pro-antiochienne, et antiromaine, qui ne peut pas se résoudre à accepter une succession apostolique de type romain : après Simon Pierre, la succession continue par Antioche[13] ». Le doute que provoque la variante fait ressortir la position d'Antioche à l'égard non seulement de l'Église de Rome, mais aussi de la Rome impériale.

Avec les croyances des juifs et des chrétiens bien définies, point donc de conflit doctrinal à Antioche ou ailleurs. Ils s'ignorent mutuellement pendant quelque temps jusqu'au moment où de nouvelles structures politiques vont se constituer tout autour du bassin méditerranéen. Au IIIe siècle, la situation des communautés juive et chrétienne semble prendre un tournant. Il y a eu à Antioche, comme le suggère l'histoire de Paul de Samosate, une confrontation constante entre chrétiens de culture et de mœurs orientales (l'apologie syriaque du pseudo-Méliton, du IIIe siècle, révèle l'importance de cette communauté araméenne sans doute de langue syriaque, ayant des affinités avec le judaïsme) et chrétiens hellénisés, mais ni les uns ni les autres ne voulaient faire partie du monde occidental. La conduite de Paul de Samosate, à l'époque où Zénobie fut la reine de Palmyre, pendant les années 260-270, témoigne de la vocation orientale, peut-être judaïsante, de la région au nord d'Antioche, d'où Paul était originaire, puisque l'histoire de ses débats doctrinaux est en partie celle de ses heurts avec l'Église hellénisée d'Antioche. Paul de Samosate, alors évêque d'Antioche, acquit la réputation chez les évêques des diocèses voisins d'être judaïsant. Son judaïsme initial, vrai ou apocryphe, est lié d'après la tradition ecclésiastique à son rapport avec Zénobie, et ce rapport est du point de vue historique indéniable. Athanase d'Alexandrie, qui considérait Paul comme un ancêtre de la doctrine arienne, l'accusa d'avoir voulu introduire le judaïsme dans le christianisme. Un passage de son *Histoire des ariens aux moines* a un intérêt bien particulier à cause de sa remarque sur Zénobie : « Quand donc a-t-on entendu pareille illégalité ? Quand, même en temps de persécution, a-t-on fait un tel mal ? Des païens furent les premiers persécuteurs, mais ils n'introduisirent pas les idoles dans les églises ; Zénobie était une juive, et elle défendit Paul de Samosate, mais elle ne livra pas les églises aux juifs pour en faire des synagogues[14]. » L'importance des juifs et de leurs prosélytes à Antioche y est mise en évidence. Athanase disposait de renseignements de première main sur la position politique et religieuse de Paul à l'égard du judaïsme ainsi que sur la conduite de Zénobie. Il était allé à Antioche un peu moins de cent ans après la mainmise de Zénobie sur la ville autour de 265. Il présente Zénobie comme une juive active, respectueuse des Églises autant que l'avaient été les païens. Certes, rien ne prouve qu'elle ait été juive de naissance : l'onomastique de sa famille et celle de son mari s'insèrent dans celle, araméenne, de Palmyre, mais si on prend le témoignage d'Athanase à la lettre, il est permis de conclure qu'elle était une prosélyte juive, une personne de plus parmi ceux qui habitaient Antioche où Zénobie dut avoir sa cour pendant quelque temps. Après avoir vécu à Palmyre dans le cercle religieux de la famille de son mari, Zénobie put s'intéresser au judaïsme à Antioche, et il est possible, comme le dit un chroniqueur syriaque, que ce fût Zénobie qui ait poussé l'évêque Paul de Samosate vers le judaïsme. Le christianisme avait éveillé l'intérêt pour l'Ancien Testament en soutenant que la nouvelle religion ne faisait que compléter la Loi et les prophètes, mais le christianisme hellénisé d'Antioche devait attirer les sémites, moins que le judaïsme, prospère à cette époque en Syro-Palestine comme en Mésopotamie.

Antioche n'était pas seulement une ville de juifs et de chrétiens. Pour une grande partie de la population d'Antioche et des alentours, la disparition des dieux et de leurs temples, c'est-à-dire la fin du paganisme, importait plus que les dissensions entre chrétiens et juifs. Cette disparition signifia un changement dans l'ordre du monde, le paysage lui-même en fut affecté, du moins c'est ainsi que, au IVe siècle, le voyait encore le rhéteur païen Libanius : son texte sur la conduite des moines dans la région d'Antioche est instructif. Pour lui, les moines se répandirent dans la campagne « comme des torrents » et la ravagèrent par le fait même qu'ils ruinèrent les temples, « car toute la campagne dont ils ont détruit les temples est une campagne dont ils ont arraché les yeux, qu'ils ont abattue, qu'ils ont tuée ». Les temples, en effet, sont pour Libanius « l'âme des campagnes[15] ».

Thédoret de Cyr (393-vers 466), dans son *Histoire ecclésiastique*, donne quelques détails sur les agissements de l'empereur Valens (364-378) à Antioche et son texte montre bien comment païens, juifs et chrétiens (des *hétérodoxes*, selon l'historien) se comportaient dans l'univers hétérogène de la ville malgré le fait que l'Empire romain à cette époque-là fût déjà *officiellement* chrétien :

> « Valens, qui passait le plus de temps possible à Antioche, avait donné licence aux païens et

> aux juifs, et à tous ceux qui, sous le couvert du nom de chrétiens, proclamaient des dogmes contraires aux maximes évangéliques. De fait, les esclaves de l'erreur accomplissaient leurs mystères païens ; Valens avait permis que refleurît le mensonge qui, après Julien, s'était éteint sous Jovien. Diasies, dionysies, fêtes de Déméter étaient célébrées à nouveau, non pas en cachette, comme on l'eût attendu dans un empire chrétien ; c'est au beau milieu de l'agora que les bacchants menaient leurs courses[16]. »

Le milieu intellectuel chrétien d'Antioche n'eut pas l'envergure de celui d'Alexandrie, la grande ville de la Méditerranée orientale. Chez les chrétiens d'Orient, Antioche conquit sa prééminence peu à peu, prééminence qui ne fut transformée en droit qu'en 325 lors du premier concile de Nicée, qui établit quasiment la parité entre les Églises d'Alexandrie et d'Antioche. Les luttes théologiques du IVe et Ve siècle sur l'unité de Dieu et la double personnalité du Christ dans lesquelles étaient nécessairement impliquées les autorités ecclésiastiques des deux villes éloignèrent les auteurs chrétiens et les fidèles des communautés juives et de la lecture des textes de l'Ancien Testament dont le contenu pouvait difficilement aider à éclairer les débats théologiques. Une chronique syriaque fournit un renseignement précieux sur l'Antioche chrétienne. Son auteur, qui plagie le chapitre 32 du livre 7 de l'*Histoire de l'Église* d'Eusèbe, mentionne peu après l'histoire de Paul de Samosate (vers 260-270), les noms des ecclésiastiques qui furent fameux à Alexandrie, Antioche, Laodicée et Césarée de Palestine ; à Antioche, il cite un prêtre, appelé Dorothée, uniquement parce qu'« il connaissait l'hébreu » ; c'est, sans doute, la caractéristique du personnage qui frappa le plus l'auteur syriaque puisqu'il ne rapporte pas d'autres renseignements également intéressants d'Eusèbe sur ce prêtre, tel celui-ci : « [Dorothée] n'était pas étranger aux connaissances les plus libérales et à la propédeutique des Grecs. D'autre part, il était physiquement eunuque, et depuis sa naissance il se trouvait ainsi, de sorte qu'à cause de cette particularité étonnante l'empereur l'introduisit dans sa confiance et l'honora de l'administration de la teinturerie de pourpre à Tyr[17]. » La connaissance de l'hébreu comportait très probablement la lecture et l'exégèse des livres de l'Ancien Testament, une activité intellectuelle qui dut différencier Dorothée d'autres concitoyens. Toutefois, l'école d'exégèse biblique que fonda à Antioche le prêtre Lucien à la fin du IIIe siècle fut le foyer d'une vie intellectuelle intense[18]. Lucien, dont on connaît la recension de la Bible grecque ainsi que les principes directeurs de l'interprétation du texte pratiquée à l'école, était soucieux de donner un texte facile à lire et à interpréter, d'écarter toutes les imprécisions qui ne pouvaient recevoir une signification que par le secours de l'exégèse allégorique. De tels principes furent au point de départ de l'exégèse littéraliste, qui demeurera si fort en honneur dans l'école d'Antioche, et les intellectuels de la ville retrouvèrent dans les principes de cette école la marque de leur propre esprit. C'est cette « marque de leur esprit » qui a pu faciliter leur approche des textes d'Aristote. Plusieurs ecclésiastiques de langue syriaque en effet s'adonnèrent, à partir du Ve siècle, à l'étude de sa philosophie, qui était expliquée et amplement commentée à Athènes comme à Alexandrie par les philosophes néoplatoniciens de langue grecque. La prééminence d'Alexandrie dans la grande Église allait se faire sentir pendant les controverses théologiques suscitées par ariens et nestoriens. Les auteurs syriaques, pourtant, se réclamaient de l'Église d'Antioche, et c'est en syriaque et non pas en grec qu'ils écrivirent leurs traités de théologie et de philosophie.

Alexandrie

À Alexandrie, les origines de la nouvelle religion jettent une autre lumière sur la question des judéo-chrétiens. Il est étonnant qu'on connaisse les origines du christianisme à Antioche, mais que son apparition et son développement à Alexandrie, dans les deux premiers siècles de la nouvelle ère, soient presque inconnus, d'autant plus que les relations de la Palestine et de la Syrie avec Alexandrie furent fréquentes et même importantes. Philon d'Alexandrie nous informe amplement sur les juifs d'Alexandrie et sur le pogrom qui eut lieu en août 38 sous le mandat du gouverneur Avillius Flaccus, ami et compagnon de Tibère. Philon écrit : « Il y a cinq quartiers dans la ville, qu'on désigne par les cinq premières lettres de l'alphabet. Deux de ces quartiers sont appelés "quartiers juifs" parce qu'un très grand nombre de juifs y habitent ; mais ils ne sont pas rares, ceux qui habitent dans les autres quartiers, un peu partout[19]. » Aux yeux de Philon, Flaccus fut coupable d'avoir livré les juifs au pillage. Les Alexandrins reprochaient aux juifs de semer la discorde et de comploter contre la stabilité de l'empire. Tacite reprend très sérieusement ce grief dans un passage bien connu des *Histoires* (5, 5) où il accuse les juifs d'avoir « une hostilité haineuse » (*hostile odium*) à l'égard de tout ce qui n'est pas juif. Sous Caligula, la situation entre juifs et Grecs se détériore davantage, et cela malgré la présence d'ambassadeurs des uns et des autres auprès de l'empereur. En avril 41, de nouvelles ambassades vinrent à Rome pour féliciter Claude, le nouvel empereur. C'est alors qu'eut lieu un procès qui donna l'occasion à l'empereur et à la curie de connaître le contentieux qui séparait à Alexandrie Grecs et juifs. Six mois plus tard, Claude adressa à Alexandrie une lettre que le préfet d'Égypte Aemilius Rectus porta à la connaissance du public. L'édit est daté du 10 novembre 41. De ce texte célèbre, je donne la partie qui intéresse notre sujet dans la traduction de Mélèze-Modrzejewski :

> « J'en viens aux troubles et aux émeutes ou plutôt, pour appeler les choses par leur vrai nom, à la guerre contre les juifs. Je n'ai pas cherché à établir, par une enquête, quels furent les coupables, bien que vos ambassadeurs, et en particulier Dionysios fils de Théon, aient beaucoup insisté sur ce point dans une confrontation, mais je me réserve de me montrer d'une impitoyable rigueur envers ceux qui recommenceraient. Je vous dirai donc simplement que, si vous ne mettez pas fin à ces détestables fureurs mutuelles, je serai forcé de vous montrer de quoi est capable un prince bienveillant quand il est pris d'une juste colère. C'est pourquoi, une fois de plus, je conjure les Alexandrins de se conduire avec douceur et humanité envers les juifs qui habitent la même Cité depuis si longtemps ; de ne déshonorer rien de ce qui traditionnellement fait partie du culte qu'ils rendent à leur Dieu, mais de les laisser vivre conformément à leurs coutumes qu'ils observaient déjà sous le divin Auguste et que j'ai confirmées

> moi-même après avoir entendu les deux parties. Quant aux juifs, je leur ordonne formellement de ne point chercher à obtenir plus que ce qu'ils possèdent déjà, de ne plus m'envoyer deux ambassades, comme s'ils vivaient dans deux cités différentes, chose qui ne s'est jamais produite jusqu'ici, et de ne plus perturber les jeux organisés par les gymnasiarques et les cosmètes ; habitant une cité qui n'est pas la leur, qu'ils se contentent de jouir de ce qui leur appartient en profitant d'une abondance de biens. Qu'ils n'invitent et ne fassent plus venir des juifs de Syrie, ni d'Égypte en descendant le Nil, s'ils ne veulent pas me forcer à concevoir les plus graves soupçons. Sinon je les châtierai par tous les moyens comme ceux qui cherchent à susciter une sorte de maladie publique capable d'affliger la terre habitée. »

Ce texte reflète bien la position politique et sociale des juifs à Alexandrie ; en outre, la référence aux juifs venus de Syrie se révèle d'un grand intérêt parce qu'elle pourrait expliquer comment l'Évangile est arrivé dans la ville et le milieu dans lequel il s'est développé, mais aucune allusion aux chrétiens n'y affleure. Pour quelques historiens, « la maladie publique capable d'affliger la terre habitée » pourrait être une référence aux judéo-chrétiens, en se fondant sur le fait qu'on avait dit de Paul qu'il était « une peste » parce qu'« il suscitait des désordres chez tous les Juifs du monde entier » (Actes des Apôtres, 24, 5). L'hypothèse est passionnante mais peu vraisemblable, puisqu'il faudrait justifier l'extrême discrétion du texte impérial qui reste muet au sujet des chrétiens alors qu'à Antioche et à Jérusalem on parlait ouvertement de chrétiens judaïsants. D'autre part, le texte fait état de juifs qui habitaient Alexandrie depuis longtemps et auxquels s'ajoutaient occasionnellement des juifs venus de Syrie. L'empereur s'oppose à ce va-et-vient, une mesure sans doute politique qui ne peut guère être mise en rapport avec une éventuelle activité missionnaire des adeptes de Jésus en Alexandrie ; néanmoins, il est fort possible que ce furent précisément les juifs venus de Syrie et de Palestine les premiers à mentionner l'existence de la nouvelle religion ; on sait qu'à Antioche, Édesse ou en Adiabène, au nord de la Mésopotamie, les premiers adeptes de l'Évangile se trouvèrent toujours parmi les juifs.

Claude régla « la question juive » à Alexandrie mais au prix de la perte, pour les juifs, de toute possibilité d'émancipation. La communauté juive se maintint ainsi jusqu'au moment de la révolte contre l'administration de Trajan. Cette révolte des juifs de la diaspora éclata d'abord en Égypte et à Cyrène. Elle ne peut pas être considérée comme un épisode isolé, parce qu'elle fait partie d'un ensemble, la réaction générale de l'Orient contre l'invasion de l'armée romaine, un mouvement qui, bien entendu, était soutenu par des espérances messianiques. Au commencement de son règne, dans une lettre adressée à Alexandrie, Trajan s'était engagé à veiller au maintien d'une paix durable ainsi qu'à la sauvegarde des droits collectifs et individuels. La communauté juive d'Alexandrie semble lui avoir été loyale et l'empereur fut très favorable aux juifs, grâce sans doute à Pompéia Plotine, son épouse, qui soutenait la cause des juifs alexandrins. La situation changea en août 115. Eusèbe de Césarée, utilisant des sources du IIe et du IIIe siècle, apporte une information précise sur ce soulèvement :

> « Tandis que ce qui concerne l'enseignement et l'Église de notre Sauveur florissait chaque jour et faisait de plus grands progrès, les malheurs des juifs augmentaient en des maux provoqués les uns par les autres. Déjà donc, vers la dix-huitième année de l'empereur (Trajan), une nouvelle sédition des juifs prit naissance et fit périr un très grand nombre d'entre eux. En effet, à Alexandrie et dans tout le reste de l'Égypte, et aussi du côté de Cyrène, ils semblèrent entraînés par un esprit redoutable de révolte et se soulevèrent en sédition contre les Grecs qui vivaient avec eux. La sédition s'accrut considérablement et, l'année suivante, ils provoquèrent une guerre considérable, alors que Lupus était le gouverneur de toute l'Égypte » (HE, 4, 2, 1-2 ; trad. Bardy).

L'empereur dépêcha contre eux Marcius Turbo à la tête d'une armée comportant des forces terrestres et maritimes ainsi que de la cavalerie ; craignant que les juifs de Mésopotamie n'attaquent eux aussi les habitants de cette région, il ordonna à Lusius Quietus de « nettoyer (*ékkathârai*) la province ». Trajan avait apprécié la situation avec lucidité. Appien d'Alexandrie, au milieu du IIe siècle, et Dion Cassius, au début du IIIe siècle, mentionnent aussi la révolte, le premier de manière lapidaire (*Guerres civiles* II. 90), le second avec des détails, d'après l'abrégé confectionné vers 1060 par le moine byzantin Jean Xiphilin[20]. La révolte juive d'Égypte gagna la Mésopotamie et en général l'est de l'empire, car les Parthes étaient prêts à tirer parti du mécontentement provoqué par la fiscalité romaine. Ils incitèrent les juifs à la révolte et provoquèrent une insurrection générale. La révolte en Égypte fut brisée en 117. Deux douzaines de papyrus, trouvés dans des sites différents, attestent la férocité de la lutte, les dégâts causés aux terres arables et aux bâtiments par les « troubles juifs ». Un siècle plus tard, d'après un papyrus d'Oxyrhynchos, les Alexandrins continuaient à commémorer la victoire contre les juifs grâce à l'aide des Romains[21].

Le premier évêque d'Alexandrie connu est Démétrios (189-231). On sait qu'il y avait dans la ville un Didaskaleion, une école de catéchèse pour les chrétiens, qui était en pleine activité vers le milieu du IIe siècle ; ses premiers directeurs et maîtres, Pantène, Clément et Origène, furent alexandrins. Aucune source ne fait état d'une persécution des chrétiens de la ville pendant ces premières années du IIe siècle ; or, comme il paraît impossible qu'ils n'aient pas eu de rapports étroits avec les premiers juifs convertis à la nouvelle religion ou avec des Alexandrins judaïsants, on pourrait penser que lors des tueries entre juifs et Alexandrins chacun savait qui était chrétien et qui ne l'était pas. On a pu noter que le nom *Sambathios* — une claire allusion à l'observance du sabbat —, porté par des non-juifs qui sympathisaient avec le judaïsme ou étaient même des prosélytes, n'est plus utilisé au IIe siècle. Tcherikover et Fuks ont bien remarqué dans leurs études des papyrus juifs qu'à ce moment-là observer le sabbat ou professer la religion juive était devenu risqué pour les non-juifs puisqu'on les aurait considérés comme « impies » (*anoseoi*), ainsi que les documents officiels appelaient les juifs. L'hostilité à l'égard de ces derniers fut profonde à Alexandrie. Un homme tel qu'Origène, connaisseur éminent de l'Ancien Testament, qui avoue avoir fréquenté des personnes cultivées juives quand il était en Palestine, avec lesquelles il s'était entretenu en araméen et en hébreu, jugea bien mérités les malheurs des juifs alexandrins, « car ils avaient commis le plus abominable des forfaits en tramant un complot contre le Sauveur du genre humain[22] ». L'idée de complot politique, principal chef d'accusation contre les juifs de la part des Alexandrins, a été christianisée, comme l'a écrit Mélèze-Modrzejewski, « pour devenir la cause du châtiment infligé aux comploteurs. L'historiographie païenne rapportée par Eusèbe enregistrait simplement le déroulement des événements ; elle s'abstenait de juger les suites de la "folie" des juifs. En revanche, les Sages juifs et les Pères de l'Église s'élèvent au-delà des contingences pour retrouver dans l'enchaînement de ces événements les signes d'une justice immanente ».

2

EXÉGÈSE ALLÉGORIQUE

L'herméneutique alexandrine

Le premier christianisme s'est développé, parallèlement, dans le milieu juif où il était né et dans un milieu hellénique où il a été transporté de bonne heure, quand la nouvelle religion avait encore une grande plasticité, ne possédant, ni dans le domaine de la doctrine ni dans celui de l'organisation, aucune forme arrêtée. Il était seulement « le germe d'une religion », selon l'heureuse expression de Goguel[1]. Suivant cette ligne de pensée, il est certain que le christianisme n'a pas été l'adaptation d'une religion à un milieu nouveau, mais qu'il s'est laissé influencer par l'hellénisme au moment de formaliser ses croyances, et l'influence de l'école d'Alexandrie a joué là un rôle majeur. L'exégèse pratiquée par les chrétiens relève très tôt d'une manière hellénistique, non juive, de lire l'Ancien Testament. La pratique du commentaire et de l'interprétation des textes avait toujours été en faveur auprès des scribes érudits de la Mésopotamie, bien que l'objet de leurs recherches ait été autre que celui des écrivains de langue grecque à l'époque hellénistique ; c'est à Alexandrie que commence la science de l'interprétation des textes grecs considérés comme vénérables ; l'art de l'herméneutique s'y développa d'abord autour des textes homériques qui constituaient le premier fonds littéraire hellénique[2]. Si l'étude du fonds littéraire incomparable que constituaient l'*Iliade* et l'*Odyssée* représentait la première période glorieuse de l'herméneutique alexandrine, on n'oubliera pas que l'avènement des textes, en grec, de l'Ancien et du Nouveau Testament produisit une harmonie inattendue entre la culture classique de la ville et le christianisme dont allaient se nourrir désormais les commentaires bibliques des futurs Pères de l'Église. Plus tard, vers la fin du ve siècle, une troisième floraison herméneutique se développa autour de l'enseignement philosophique d'Ammonios d'Hermeias quand il assuma la direction de l'école d'Alexandrie[3]. On croirait volontiers qu'à Alexandrie l'obscurité du texte était de règle. Ammonios dans son commentaire aux *Catégories* dit qu'Aristote « s'est servi de l'obscurité comme d'un voile pour sa philosophie, de façon que, justement pour cette raison, les plus excellents de ses disciples y adonnent leurs âmes avec encore plus d'ardeur et que les paresseux et les vains, quand ils s'approcheraient de tels discours, en soient détournés par leur obscurité ». Une autre leçon du texte d'Ammonios ajoute : « C'est aussi de cette façon que les poètes forgent leurs mythes. Dans ce qu'ils nous présentent ouvertement, ils paraissent dire [leur pensée], mais en réalité ils [la] cachent. Car on n'oserait certes pas soutenir que le poète pense cela même qu'il dit, par exemple, que Cronos a dévoré et vomi les fils qu'il avait d'abord engendrés. Cela est insensé. Ou que les dieux commettent l'adultère. [...] Nous sommes en accord avec ceux des poètes qui forgent des mythes assez extraordinaires pour éveiller de la méfiance. Voilà donc pourquoi le Philosophe, comme nous l'avons dit, a cultivé une certaine obscurité[4]. »

Ces commentaires sont valides également pour l'exégèse biblique. L'art de déchiffrer ce qui est écrit ne peut intervenir qu'une fois constitué un ensemble de textes dont l'évidence n'apparaît plus d'une manière immédiate ; en l'occurrence, les chrétiens devaient donner un sens à certains textes de l'Ancien Testament, si le Nouveau Testament devait être, comme on le croyait, l'accomplissement de la vieille alliance de Yahvé avec son peuple. C'est surtout à Alexandrie que se pratiqua le commentaire allégorique du texte reçu, une technique d'exégèse qui devint aux premiers siècles le modèle à suivre dans l'interprétation des deux Testaments. Dès le IIIe siècle avant J.-C., les juifs d'Alexandrie avaient assimilé la langue grecque et s'en servaient jusque dans leurs conversations, bien que beaucoup d'entre eux connussent encore l'hébreu et l'araméen. L'Ancien Testament avait été traduit en grec à Alexandrie ; si cela fut pour les juifs de Jérusalem l'occasion d'un deuil national, ceux d'Alexandrie purent s'en réjouir. Dans les synagogues alexandrines, toutes les prières étaient récitées dans leur traduction grecque ; même la lecture publique de la Torah le jour du sabbat avait lieu en langue grecque.

Juifs et chrétiens approchèrent le texte biblique suivant la méthode allégorique. Au IIe siècle avant J.-C., Aristobule, issu de la race des prêtres consacrés, selon II Maccabées 1, 10, dédia à Ptolémée VI Philométor (185-146) une exposition allégorique du Pentateuque où il montrait que les philosophes et les poètes grecs étaient tributaires de Moïse et des prophètes. La conviction que Platon avait importé beaucoup d'idées juives dans sa propre doctrine fut partagée plus tard par plusieurs écrivains chrétiens de la première heure. Aristobule passe comme celui qui inaugura à Alexandrie l'interprétation allégorique du texte sacré, une méthode dont allait s'inspirer l'école chrétienne de la ville. Après avoir cité le texte d'Aristobule sur le symbolisme allégorique dans les textes bibliques, Eusèbe de Césarée remarque :

> « ... Divisant toute la race juive en deux classes, le Logos soumettait la masse aux avis explicites des lois selon le sens littéral, mais tenait quitte de cette littéralité l'autre ordre, celui des experts, pour leur demander de s'attacher à une philosophie plus divine, trop haute pour la multitude, et à l'étude de la signification des lois selon le sens. C'était là une espèce de philosophes juifs dont des milliers d'étrangers ont admiré la vie ascétique et que les plus distingués de leurs compatriotes ont jugés dignes d'une mémoire impérissable, Josèphe, Philon et bien d'autres[5]. »

La lettre de l'Écriture, dit Nikiprowetzky à propos de l'exégèse de Philon d'Alexandrie, est obscure à la façon d'un *hieros Logos*, mais, comme lui, elle débouche sur la lumière de la vision divine. « L'itinéraire mystérique consiste à être introduit par le moyen de l'interprétation allégorique jusqu'à la lumière secrète des paroles saintes et à apercevoir les splendeurs qui sont closes et invisibles pour les non-initiés[6]. » Il n'y a pas ici une métaphore littéraire. L'intelligence, c'est-à-dire l'intelligence allégorique, donne accès au monde intelligible, aux réalités incorporelles (ou *pragmata*). La thèse des auteurs alexandrins était que le texte biblique est redevable d'une interprétation littérale et d'une interprétation allégorique. Pour Philon, le sens littéral en est parfois mythique et il faut le transcender ; cette idée fut bienvenue chez les auteurs chrétiens. Ils savaient que le premier résultat de l'agrément des textes allégoriques était d'exciter l'esprit à en rechercher le sens profond. En se servant d'une image rhétorique chère aux philosophes néoplatoniciens, on peut dire que l'exégèse littérale « est la fondation que l'on jette d'abord, tandis que l'allégorie est le sage architecte dont on suit les prescriptions pour construire l'édifice[7] ». Le Logos introduit dans le judaïsme alexandrin fut développé par les Pères de l'Église pour comprendre la personne du Christ ; parole de révélation et raison de l'Univers, le Logos chrétien transfigure le monde, et, grâce à l'allégorie, le judaïsme peut y être subsumé. La doctrine du Logos divin immanent au monde a permis aux théologiens de construire, la philosophie du moyen platonisme à l'appui, une théologie christologique qui s'éloigne décidément du judaïsme.

Chez les chrétiens, le prestige d'Alexandrie ne tenait pas seulement à son héritage culturel, mais aussi à la renommée d'écrivains comme Clément, Origène et Denys le Grand. Dans le cénacle formé pour étudier les textes sacrés, deux activités s'avéraient essentielles : écouter ce que disait le maître et interpréter le texte. Les oracles, les augures, les discours vains perdaient ici toute signification, car le texte vénérable était là, toujours le même et toujours dans l'attente du commentaire qui devait l'enrichir. S'il est vrai que par le contact avec son maître l'élève pouvait se sentir lié au présent, voire un enfant de son temps, l'exercice de l'herméneutique le renvoyait nécessairement à un passé aux contours bien précis, puisque l'exégèse relevait d'une tradition qui se voulait la succession ininterrompue des enseignements des maîtres du passé à propos du texte. Présent et passé s'unissaient pour faire du cénacle une école d'interprétation des Écritures, un phénomène culturel qui se développa à partir du IIIe siècle à l'intérieur de l'Église. Les anciennes écoles se transformèrent en centres d'exégèse biblique et, à cause du prestige de leurs théologiens et philologues, Alexandrie, Antioche, Césarée, Édesse ou Nisibe redevinrent des pôles d'attraction pour les amants du savoir, fussent-ils ecclésiastiques ou laïques. Le texte de l'Écriture incite l'esprit à se « ressouvenir » des *pragmata* réfléchis dans le Livre saint, mais il faut ajouter qu'il peut aussi soulever des dissensions entre juifs et chrétiens à l'heure de l'interpréter. Les dissensions se précisent déjà à partir du IIe siècle au point de perdre de l'intérêt puisque, pour les partisans de la nouvelle foi, il n'y a qu'une lecture possible des Écritures, comme, vers la fin de ce siècle, l'explique Irénée de Lyon à sa manière tranchante : il y a un trésor caché dans les Écritures et il est signifié par des figures et des paraboles qui ne pouvaient être comprises avant l'accomplissement des prophéties :

> « Toute prophétie, avant son accomplissement, n'est qu'énigmes et ambiguïtés pour les hommes ; mais, lorsque arrive le moment et que s'accomplit la prédiction, alors celle-ci trouve son exacte interprétation. Voilà pourquoi, lue par les juifs à l'époque présente, la Loi ressemble à une fable : car ils n'ont pas ce qui est l'explication de tout, à savoir la venue du Fils de Dieu comme homme. Au contraire, lue par les chrétiens, elle est ce trésor naguère caché dans le champ, mais que la croix du Christ révèle et explique : elle enrichit l'intelligence des hommes et montre la sagesse de Dieu[8]. »

Le récit de la Création

Les Alexandrins accomplissent dans leur commentaire du récit de la Création dans le livre de la Genèse des prouesses herméneutiques. Voici un texte de Philon bien représentatif de la pensée alexandrine :

> « Dieu, quand il voulut fabriquer le monde visible d'ici-bas, forma d'abord le monde intelligible, afin qu'en utilisant un modèle incorporel et tout à la ressemblance divine il réalisât le monde corporel, réplique plus récente d'un plan ancien, et destiné à comporter autant d'espèces sensibles qu'il y en a d'intelligibles dans le premier[9]. »

Par un tour de force presque unanime, les exégètes brisent l'acte créateur en deux, le monde spirituel du jour Un, le jour de la lumière, et le monde sensible des cinq jours restants. Au commencement, dit le texte, Dieu créa le ciel et la terre. La terre était vide et vague. Les ténèbres couvraient l'abîme. L'esprit de Dieu planait sur les eaux. Six éléments entrent en jeu ici : ciel, terre, ténèbres, abîme, esprit et eaux. L'acte créateur va organiser ce chaos, mais d'abord il fallait créer la lumière ; en la créant au premier jour, Dieu sépara la lumière et les ténèbres et il y eut nuit et jour. Après ce premier jour, le jour Un, commence l'œuvre créatrice : séparer les eaux d'en haut et d'en bas pour faire le firmament qui devient le ciel, ramasser les eaux sous le ciel pour permettre l'apparition de la terre ferme qui produira la végétation, créer le soleil, la lune et les étoiles qui serviront de signes tant pour les fêtes que pour les jours et les années. Les poissons, les oiseaux, les animaux de la terre et l'homme furent créés les deux derniers jours. Au septième jour, tout étant achevé, Dieu chôma.

Juifs et chrétiens étaient conduits par les contraintes de leur méthode exégétique à dire que la Création fut d'abord un acte créateur d'idées et non pas de réalités sensibles, celles-ci n'étant mentionnées que dans le deuxième récit, c'est-à-dire le chapitre 2, 4-25 qui décrit ce que fut le monde végétal et animal quand la pluie tomba, les herbes poussèrent, les arbres furent plantés, l'homme devint vivant, nomma les animaux et accueillit la femme. Le rédacteur biblique a adapté les différentes étapes de la cosmogonie aux sept jours de la semaine sans doute en vue de donner à l'institution juive du sabbat ses lettres de noblesse. Jour après jour, la narration du premier chapitre de la Genèse mentionne le travail accompli à la fin de chaque journée. Le travail consistait en somme à bien séparer les éléments : la lumière des ténèbres, les eaux supérieures des inférieures, la mer de la terre, le jour de la nuit, les poissons des oiseaux, l'homme des animaux. Dans un autre ordre de choses, on peut remarquer la séparation du premier jour, le jour Un, le jour de la lumière — une lumière qui n'est pas celle, physique, du soleil —, des jours deux, trois, quatre, cinq et six. Dans le jour Un fut créée l'idée de la lumière et dans les autres jours fut créé l'Univers dans lequel nous sommes. Le raisonnement du rédacteur conduit à voir dans l'acte créateur un enchaînement d'opérations. Dieu créa à partir du non-être mais aussi de l'être. Si la lumière, les anges et l'âme ont été créés du non-être, les luminaires ont été formés à partir de la lumière, le firmament à partir des eaux, les reptiles à partir des eaux, Ève à partir d'Adam[10]. L'existence de la lumière apparaît ainsi comme la condition préalable à l'existence de l'Univers.

Cette double création, d'idées d'abord puis de réalités sensibles, nous laisse pourtant perplexes. Saint Augustin est lui aussi emporté par ce platonisme à vrai dire envoûtant. Pour preuve cette remarque subtile dans le livre XIII (II, 2) de ses *Confessions* :

> « Qu'elles disent quel mérite elles ont eu devant toi, la créature spirituelle et la créature corporelle ! Tu les fis dans ta Sagesse, et de là les êtres allaient demeurer suspendus, encore à l'état d'ébauche et sans forme : chacun selon son genre, l'un spirituel, l'autre corporel, s'en allait vers le désordre et vers la région lointaine où rien ne te ressemble… et ainsi allaient-ils rester suspendus, sans forme, si, par ton Verbe, ils n'étaient rappelés à ton Unité, dotés de forme. »

Le philosophe allemand Franz Rosenzweig, dans un livre publié en 1921, scinde aussi l'acte créateur et, même si son raisonnement ne coïncide pas avec ceux de Philon et de saint Augustin, on ne peut pas nier qu'il soit conséquent dans une analyse de l'acte créateur qui répond au même souci intellectuel que ses devanciers. Il prépare ainsi le lecteur, chemin faisant, pour sa grande synthèse théologico-philosophique dont il sera question ici dans le dernier chapitre. Il suffira maintenant de quelques réflexions de Rosenzweig sur la création pour souligner ce que je crois pouvoir se rapprocher de la pensée de Philon d'Alexandrie : dans la création par Dieu à l'aurore du monde, il n'est pas nécessaire que le monde soit devenu une création achevée mais, avant tout, qu'il ne soit, pour commencer, rien d'autre que « créature ». Ce qui du point de vue de Dieu est Création ne peut signifier, vu de son côté, autre chose que l'irruption de la conscience que le monde a d'être créature, de sa conscience d'être constamment créé. Dans la création, le monde structuré ouvrirait donc les yeux pour reconnaître sa condition créée ; de son point de vue, être créé serait se révéler comme créature. Dans cette conscience d'être créature, donc dans la conscience de n'avoir pas été créée un jour dans le passé, mais d'être constamment en situation de créature, cette conscience est quelque chose d'absolument objectif. L'essence durable du monde structuré était l'universel, ou, plus exactement, le genre ; tout en étant lui-même universel, le genre contient déjà en soi l'individu, et même il ne cesse de le faire naître à partir de lui. Finalement — deuxième moment — vient au grand jour ce dont nous sommes parti : le concept de création, l'idée de l'être au commencement, cette idée qui implique la représentation de l'être créé « au commencement ». Là où nous avions reconnu la figure où le monde se révèle comme « créature », nous voyons maintenant la caractéristique de la création en général, quand nous comprenons l'existence comme être-là, *déjà-être-là*, non plus comme un simple être universel, mais comme un être qui ramène tout le singulier à soi. Ce singulier est la créature, son existence indique que la création est parvenue au point où la vérité du monde dans sa réalité concrète est garantie. Le monde n'est ni une ombre, ni un rêve, ni un tableau ; son être est être-là, être-là réel — création créée. Le monde est fait de choses, il ne constitue pas un objet uni, mais une multiplicité d'objets, « les choses » précisément[11].

Ces réflexions de Rosenzweig me paraissent suivre de près — peut-être à son insu — le commentaire de Philon sur le jour Un et le monde des idées préalable au jour qui vit apparaître des réalités sensibles ; n'oublions pas que des auteurs, grecs et sémites, laissent pour le deuxième jour toute considération sur le monde sensible, voire l'origine de la matière et les éléments qui la composent. Pour l'auteur du livre hébreu des *Jubilés* (2, 2), le jour Un fut le jour de la création du monde incorporel non moins réel que le monde sensible qui devait être créé après. Voici le texte :

> « Il créa les cieux, en haut, la terre, les eaux et tout esprit servant devant Lui : les anges de la Face et les anges de la Sanctification, ainsi que les anges du vent qui souffle, les anges-esprits des nuages, des ténèbres, de la neige, de la grêle et du gel, les anges des voix, du tonnerre et des éclairs, les anges-esprits du froid et de la chaleur, de l'hiver, du printemps, de l'été et de l'automne, et tous les esprits de sa création, dans le ciel et sur la terre. Les abîmes profonds, les ténèbres, le soir et la nuit, et la lumière — l'aurore et le jour, ce qu'Il avait prémédité dans la connaissance de son cœur[12] » (trad. A. Caquot).

Le *Livre des secrets d'Hénoch*, écrit en grec mais conservé en langue slave, est un ouvrage juif, peut-être daté du tournant de l'ère, en tout cas antérieur à la destruction de Jérusalem en 70 de notre ère. On y trouve une description des sept cieux sans rapport bien entendu avec les sphères des astronomes grecs : le premier ciel est celui des astres, où se trouvent les anges gardiens de la nature et de tous ses phénomènes météorologiques, comme les anges des *Jubilés*. Le deuxième ciel est celui des anges condamnés ; le troisième, celui du paradis et de l'enfer ; le quatrième abrite le soleil et la lune ; le cinquième est l'habitat des Veilleurs, les anges coupables qui descendirent sur la terre pour se souiller avec des femmes ; le sixième ciel est celui des sept grands anges et, enfin, le septième, le ciel du Seigneur.

Les thèmes de cette littérature apocryphe juive qui se constitue autour du thème de la création et semble exploiter abondamment l'allégorie apparaissent occasionnellement chez les Pères grecs. Basile de Césarée explique, sans se référer à un jour Un : « Il y eut, paraît-il, avant même que ce monde fût, quelque chose qu'il est possible à notre intelligence de contempler, mais qui est resté sans histoire, parce que impropre (*anepitédeion*) à des nouveaux initiés, encore enfants par leur savoir. C'était, avant la genèse du monde, une condition qui convenait aux puissances célestes : dépassant notre catégorie du temps, éternelle, perpétuelle. » Il y avait la lumière spirituelle des natures raisonnables et invisibles, des créatures spirituelles qui passent notre entendement, et dont nous ne pourrions même découvrir le nom[13].

Le commentaire de Basile relève d'une doctrine théologique bien précise : la création des anges puis le péché de quelques-uns ont eu lieu avant la création du monde et certainement avant celle de l'homme. Je trouve le souvenir de cette doctrine théologique dans *Le paradis perdu* de Milton qui a fait de Satan, ange déchu, le personnage central de son œuvre. Après maintes hésitations, résolu à faire le mal, Satan s'approche d'Ève pendant son sommeil. Afin d'éviter qu'Adam et Ève succombent à la tentation de Satan, Dieu envoie à Adam l'ange Raphaël qui lui explique (dans le livre VII), en se servant toujours des termes bibliques d'abîme, de ténèbres, de lumière, de chaos comment la création eut lieu ; puis Adam, toujours avant sa chute, explique à Raphaël ses premiers souvenirs du paradis. L'artifice littéraire du poète a sa raison d'être — Milton lui-même l'explique — dans la doctrine des Pères de l'Église affirmant que les anges furent créés bien avant la création visible.

La question de l'origine des cieux ou, plutôt, du firmament oblige à se demander quelle est la nature des eaux entre lesquelles il était placé. Rappelons-nous le verset 6 du premier chapitre de la Genèse : « Dieu fit le firmament, qui sépara les eaux qui sont sous le firmament d'avec les eaux qui sont au-dessus du firmament, et Dieu appela le firmament ciel. » Ce verset s'est prêté à plusieurs interprétations. On comprendra que, pour éluder les problèmes de physique que pose le verset de la création du firmament, quelques commentateurs en soient arrivés à affirmer que les eaux au-dessus du ciel sont des puissances spirituelles. L'auteur syriaque Théodore Bar Koni (fin du VIIIe siècle) commente :

> « Cette invention nouvelle, c'est Origène qui l'a trouvée ; comme en beaucoup de choses, il a déraisonné en celle-ci aussi et, parce qu'il a été conduit à expliquer allégoriquement les Écritures, ainsi aussi a-t-il compris celle-ci. Ayant trouvé que des hommes sont symbolisés par les eaux, par exemple : "Le Seigneur fera monter sur eux des eaux nombreuses et fortes, le roi d'Assyrie et toute sa force" (Is., 8, 7), il a stupidement pensé que celles aussi du dessus du ciel sont des natures invisibles, vu qu'il est écrit : "Les eaux de dessus le ciel glorifieront le nom du Seigneur" (Ps., 148, 4-5). Et (cet) égaré n'a pas compris que les hommes ont été symbolisés non seulement par les eaux, mais aussi par des lions, des renards et des aigles, mais les anges pas du tout. Et puis, le récit de l'Écriture nous enseigne que le firmament sépare des eaux d'avec des eaux[14]. »

Dans sa façon désinvolte de traiter le problème des eaux supérieures dont fait état le texte biblique, Bar Koni suit Basile de Césarée, qui s'était déjà élevé contre l'interprétation allégorique du texte de la Genèse. « C'est contre les auteurs ecclésiastiques, qu'il nous reste encore quelques mots à dire sur le discernement des eaux, < contre ceux du moins > qui, sous prétexte de sens anagogique et de pensées plus élevées, se sont rejetés sur des allégories. » Pour Basile, « de pareilles opinions ne sont que tissus de songes, et fables de vieilles femmes : rejetons-les, dit-il ; entendons que l'eau est de l'eau, et prenons le partage fait par le firmament selon le sens qui a été indiqué. Et même si les eaux qui sont au-dessus du firmament sont associées à la glorification du maître commun de toutes choses, nous n'en faisons pas pour autant une nature raisonnable. Car ni les cieux n'ont une âme parce qu'ils proclament la gloire de Dieu ; ni le firmament n'est un vivant doué de sensibilité, parce qu'il fait connaître l'œuvre de ses mains[15] ». Le rejet de l'allégorie est donc clair.

La création du firmament pose un problème de logement pour les anges, l'air, la lumière et les ténèbres ; Bar Koni a voulu le résoudre et il explique :

> « Il en est qui ont dit que les eaux montèrent vers le haut jusqu'à l'endroit du firmament et que là fut faite leur séparation, et qu'[anges, air, lumière et ténèbres] restèrent en dessous des eaux, dans la mesure où leur subtilité ne les avait pas empêchés de traverser [les eaux]. Mais

> il en est qui ont dit qu'elles furent immergées jusqu'au-dessous de la terre, ainsi que Mar Éphrem aussi a dit à propos de la lumière : en ces trois jours avant qu'elle ne se divise en sphère(s), lorsqu'elle donnait la place aux ténèbres, elle était immergée et cachée dans les eaux les douze heures de la nuit » (1. 82).

L'exégèse allégorique d'Origène ne se perdit pas pour autant. Grégoire de Nysse l'accepte, Jérôme la mentionne et Augustin l'utilise dans ses commentaires de la Genèse. Dans *Les confessions* (XIII, 15), lui, lecteur infatigable, il utilise Isaïe (34, 4) pour dire que le ciel se replie comme un livre ou pour affirmer, citant le psaume 104, que le ciel est tendu au-dessus de nous comme une peau. S'adressant à son Dieu, Augustin dit que les eaux de ce firmament sont « des eaux immortelles, soustraites à la corruption terrestre » et que les anges, habitants de ces lieux supracélestes, lisent « sans la succession temporelle des syllabes, ce que veut ton éternelle volonté : c'est à la fois lecture, élection et dilection. Ils lisent sans cesse, et jamais ne passe ce qu'ils lisent : car c'est par élection et avec dilection qu'ils lisent l'immutabilité même de ton dessein. Jamais ne se clôt leur manuscrit, jamais ne se replie leur livre ; car c'est toi qui est leur livre ».

L'interprétation littérale du texte biblique était bien entendu connue et répandue. Pour Théophile d'Antioche (IIe siècle), la moitié de l'eau retenue au-dessus du firmament est là pour fournir pluies, averses et rosées. Selon Théodoret de Cyr (Ve siècle) : « Les eaux d'en haut placées au-dessus ne permettent pas par leur humidité et leur froideur que le firmament soit endommagé par le feu des luminaires, et les eaux demeurant en bas nourrissent par les vapeurs l'air, desséché et brûlé par le feu placé au-dessus[16]. »

Chez les auteurs juifs on peut trouver aussi un enseignement éloigné de toute allégorie, comme celui du fameux talmudiste Rabbi Akiba ; pour lui, le ciel ou plutôt les cieux incluaient : le soleil, la lune, les étoiles et les constellations, et la terre : les arbres, la pâture et même le Paradis. Mais, d'autre part, l'exégèse juive souligne bien la distinction entre le ciel et la terre jusqu'au point que, dans les sources rabbiniques, l'expression *tohu wabohu*, comprise allégoriquement, s'applique à la terre qui est malheureuse ; son infortune n'étant que plus grande quand elle pense au bonheur dont jouit le ciel. Différentes paraboles font état de cette situation dramatique : un roi acheta deux serviteurs au même prix ; l'un était alimenté à la cour, l'autre devait lutter pour sa subsistance ; ou bien il est dit de deux serviteurs du roi que l'un accueilli à sa table avait des raisons pour chanter tandis que l'autre pleurait toujours en quête de la nourriture. Pour un autre commentateur juif, le ciel est représenté par le fils d'un roi qui s'endormit dans une étable, et la terre par la nourrice qui sait qu'elle sera punie à cause de l'enfant.

L'allégorie sujet de dissension

On a vu que le récit de la création introduit chez les exégètes un premier sujet de dissension ; avec le temps, l'exégèse allégorique devient l'une des causes de la séparation entre juifs et chrétiens, car elle enlève à l'Ancien Testament son caractère de document historique indépendant pour en faire le signe qui annonce au lecteur l'existence d'un nouvel ordre : l'Ancien Testament se met donc au service du Nouveau. Cette exégèse veut affirmer que la correspondance entre ce qui a pu arriver — le fait historique — à l'époque des patriarches, des rois et des prophètes d'Israël et le texte qui le décrit perd de l'attrait du moment que l'événement en question ne connaîtra sa pleine interprétation que beaucoup plus tard avec les faits décrits par les auteurs des Évangiles. Dans son étude sur Augustin lecteur de la Bible, Brian Stock mentionne deux exemples tirés de la Bible qui servent à expliquer comment l'Ancien Testament annonce le Nouveau, et là c'est le texte sacré lui-même qui sert de guide, non Augustin[17]. Premier exemple : dans l'Évangile de Matthieu 12, 38, on lit que les scribes et les pharisiens, à la suite de la discussion que la conduite des apôtres le jour du sabbat avait soulevée, demandèrent à Jésus un signe qui pourrait le légitimer. Il leur répondit : « Génération mauvaise et adultère ! Elle réclame un signe, et de signe, il ne lui sera donné que celui du prophète Jonas. De même, en effet, que Jonas fut dans le ventre du monstre marin durant trois jours et trois nuits, de même le Fils de l'homme sera dans le sein de la terre durant trois jours et trois nuits. » C'est Jésus lui-même qui explique comment l'aventure de Jonas englouti par une baleine puis vomi sur le rivage préparait le lecteur à sa mort et à sa résurrection. Pour le second exemple, Augustin a utilisé le texte de la première Épître de Paul aux Corinthiens (10, 1-11). L'apôtre y donne en raccourci l'histoire d'Israël ; c'est la leçon du passé que les juifs doivent apprendre : « Nos pères ont tous été sous la nuée, tous ont passé à travers la mer, tous ont été baptisés en Moïse dans la nuée et dans la mer, tous ont mangé le même aliment spirituel (la manne) et tous ont bu le même breuvage spirituel — ils buvaient en effet à un rocher spirituel qui les accompagnait, et ce rocher c'était le Christ ; cependant, ce n'est pas le plus grand nombre d'entre eux qui plut à Dieu, puisque leurs corps jonchèrent le désert. » Ces faits se sont produits, dit Paul, pour servir d'exemple : ne devenez pas idolâtres, ne tentez pas le Seigneur, comme le firent certains d'entre eux, et ils périrent victimes des serpents. Augustin suit encore Paul pour qui les deux fils d'Abraham, Ismaël, né d'une esclave, et Isaac, le fils de Sarah, représentent allégoriquement les deux Testaments, le premier reliant les textes bibliques à un passé historique, le second étant la promesse de ce qui peut arriver à chaque lecteur. Après cette confession de foi dans la signification que l'Ancien Testament avait pour le chrétien, les bases pour une lecture allégorique du texte sacré étaient établies. La notion d'une union spirituelle entre le passé et le futur s'impose. L'allégorie est la clé de l'ouverture à une interprétation toujours soutenue et élaborée de l'Ancien Testament en vue de justifier le Nouveau, faute de quoi s'installe un clivage entre les deux Testaments.

La lecture allégorique que saint Augustin donne du texte biblique fit école dans l'Occident latin. Plusieurs siècles après lui, Érasme écrit encore avec passion sur l'importance de l'allégorie. Dans son *Plaidoyer pour la paix*, il déclare : « Faible argument que celui dont se saisissent ceux qui arguent [pour faire la guerre] que Dieu est appelé dans les Écritures saintes Dieu des armées et Dieu de la vengeance. Il y a une grande différence entre le dieu des juifs et le dieu des chrétiens, même s'il est Un par nature et si c'est le même Dieu. Mais, si les vieilles appellations nous plaisent encore, soit, appelons-le le Dieu des armées, pourvu qu'on entende ainsi la coalition des vertus, alliée fidèle des hommes de piété dans la lutte sans merci contre les vices. Qu'il soit le Dieu de la vengeance, pourvu qu'on entende par vengeance le désir de réprimer les vices, et que les massacres sanglants dont les Livres des Hébreux sont pleins soient interprétés non pas littéralement, comme carnages humains, mais comme l'expulsion violente des passions impies hors du cœur de l'homme[18]. » Ailleurs, Érasme conseille de ne pas s'arrêter à l'écorce, car, dit-il dans le *Manuel du soldat chrétien*, si on lit dans le texte de l'Ancien Testament, sans faire appel à l'allégorie, l'histoire des enfants se battant dans l'utérus, du droit d'aînesse vendu pour un plat de lentilles, de la bénédiction du père obtenue par ruse, de Goliath frappé par la fronde de David, de Samson à qui on rase la tête, le brigandage de David, son adultère acheté au prix d'un homicide, « et mille autres récits », ces textes ont « moins d'importance que les fictions des poètes ». Une fois « méprisée partout la substance charnelle de l'Écriture, surtout de l'Ancien Testament, il conviendra de sonder le sens spirituel caché ». Pour Érasme, c'est saint Paul qui « a ouvert certaines sources d'allégorie », suivi ensuite par Origène. Les théologiens de son temps, dit-il, ont méprisé l'allégorie ou bien l'ont traitée « d'une manière tout à fait frigide », et il précise : une « exégèse mystique ne peut pas ne pas rester glacée quand elle n'est pas assaisonnée des forces de l'éloquence et d'une certaine grâce du discours : les Anciens y ont excellé ; nous, nous ne nous en approchons même pas ». Mais il trouve une autre raison pour expliquer la conduite des théologiens : on se satisfait du seul Aristote, en bannissant de l'école les platoniciens et les pythagoriciens, et pourtant ce sont les livres de ces derniers qu'il faudrait appliquer « aux mystères divins[19] ».

Dans les préfaces des ouvrages bibliques de Port-Royal — de 1672 à 1693 pour l'Ancien Testament —, les auteurs expliquent de quelle manière il faut entendre les textes[20]. Voici la préface au livre d'Isaïe qui ouvre la série des livres prophétiques où la venue du Christ aurait été annoncée. Lemaistre de Sacy nous explique : « Ces prophéties ont paru tellement claires aux païens mêmes, qu'ils n'ont pu trouver d'autres moyens d'y résister qu'en disant qu'elles avaient été feintes après que les choses étaient arrivées [...]. Les juifs au contraire soutenaient qu'elles étaient très anciennes, mais qu'on ne pouvait rien tirer de leur obscurité qui favorisât les chrétiens. [Ainsi] les prophéties demeuraient une preuve invincible de la religion chrétienne, étant très claires selon les païens, et très anciennes selon les juifs. »

La pratique de l'exégèse allégorique se révèle comme une volonté ferme du croyant d'établir un pont entre les deux Testaments. Mais afin d'éviter la scission entre l'Ancien et le Nouveau Testament, on risque de tomber dans le simplisme, comme il arriva à mon avis à Henri Heine en 1830, pour qui il ne s'agit pas de rapprocher les deux textes mais d'en faire une synthèse qui soit parfaite : « Moïse fit pour ainsi dire des remparts matériels à l'esprit, pour le protéger contre toute irruption éventuelle de la luxure des peuples voisins ; tout autour du champ où il sema l'esprit à pleines mains, il planta comme une haie protectrice, la loi inflexible du cérémonial et une espèce de nationalité égoïste. Mais lorsque l'esprit, cette plante divine, eut poussé de profondes racines, et se fut élevé si haut vers le ciel qu'on ne pouvait plus le déraciner, alors vint Jésus-Christ : il arracha la barrière désormais inutile de la loi des cérémonies, et même il annonça l'anéantissement de la nationalité judaïque ; il convia tous les peuples de la terre au partage du royaume divin, qui jusqu'alors n'appartenait qu'à un seul peuple élu, il donna à toute l'humanité le droit de cité d'Israël. » Ni la fin du Christ ni les rapports entre les deux religions ne témoignent d'une transition facile du vieil ordre au nouveau, même si Heine s'exclame : « Quel grand drame que la Passion ! Et comme elle est profondément *motivée par toutes les prophéties* de l'Ancien Testament. » Son enthousiasme ne le retient pas de remarquer que, contrairement au cas du texte d'Homère, on ne trouve aucune trace d'art dans la Bible : « C'est le style d'un agenda, où l'intelligence absolue, ou si vous voulez le Saint-Esprit, écrit avec la même fidélité, la même simplicité qu'une bonne ménagère met à marquer les dépenses du jour. Ce style se refuse à toute critique ; nous pouvons tout au plus constater son action sur notre âme. » Le style primitif de la Bible lui rappelle celui de Shakespeare, chez qui le mot « se présente parfois dans une sainte nudité qui fait frissonner », puis entre en jeu le génie de l'art : « Shakespeare est à la fois juif et grec, ou plutôt ces deux éléments contraires, le spiritualisme et l'art, se sont fondus en lui pour former un tout d'un ordre supérieur[21]. » Il est difficile de suivre aujourd'hui la pensée de Heine qui exalte le judaïsme pour le faire disparaître par la suite dans le christianisme, ce nouvel Israël dont la naissance ainsi formulée ne rend justice ni à l'un ni à l'autre. Ce sont des considérations de cet ordre qui préparent le terrain où naîtra la notion moderne du judéo-christianisme. Il s'agit, comme on le sait, d'une notion très fréquemment invoquée pour des raisons qui s'avèrent être plus au service de la politique que de la religion. C'est sans doute une notion vague, voire hasardeuse. Ce que Irénée de Lyon, saint Augustin, Érasme, Heine enseignent est, à vrai dire, qu'il faut abandonner le judaïsme et se convertir à la nouvelle religion.

Marcion

Il y a un marcionisme subreptice dans ce genre d'exégèse. La position de Marcion (né vers 85 à Sinope du Pont) est bien connue par les sources ; sa ferme volonté d'exclure systématiquement tout rapport du Nouveau Testament avec le passé biblique lui permettait d'affirmer que le Dieu de l'un et de l'autre Testament n'était pas le même : l'un était un Démiurge créateur, l'autre un Dieu bon qui se manifesta par le Christ. Il y a dans cette exclusion (il ne s'agit pas d'une ignorance) l'acceptation implicite d'un rapport entre les deux Testaments. Adolf von Harnack fut l'auteur en 1920 de *Marcion, l'Évangile du Dieu étranger*, monographie devenue un classique dans le domaine de l'histoire des religions. Marcion avait la conviction que la divinité, qui délivre du monde, n'a rien à faire avec la cosmologie et la téléologie cosmique. La vie nouvelle de la foi et de la liberté était pour lui quelque chose d'« étrange » face au monde. Bernard Lauret, dans une étude importante qui accompagne la publication de sa traduction française du livre de Harnack, a écrit que trois modèles peuvent marquer le rapport entre l'Ancien et le Nouveau Testament : « *subordination* (l'Ancien Testament ne servant qu'à préparer le Nouveau qui en serait la clé, notamment par le rapport entre type et antitype appliqué aux deux Testaments et non pas selon une dialectique intérieure déjà à l'Ancien Testament), *contraste* (l'Ancien Testament étant le livre de la Loi ou d'un messianisme terrestre, le Nouveau Testament celui de la Bonne Nouvelle et du royaume spirituel) et *sélection / exclusion* (le Nouveau Testament permettant seul de dire ce qu'il y a de valable dans l'Ancien Testament, voire de le relativiser comme un document purement historique ne révélant pas Dieu authentiquement). » Pour Marcion, c'est le troisième modèle qui doit s'imposer, rejetant ainsi une lecture allégorique qui christianiserait l'Ancien Testament en l'arrachant à son sens juif[22]. Or, « si le discours systématique de la théologie chrétienne ne peut faire l'économie d'une grammaire philosophique déterminée (platonisme, *Stoa*, moyen platonisme et néoplatonisme autrefois chez les Pères), son logos propre n'est pas dépendant d'une métaphysique déterminée ou d'une ontologie, mais relève d'un dire nouveau. Ce rapport entre le dire et le dit s'inscrit visiblement dans la relation entre Ancien et Nouveau Testament : "Il vous a été dit, moi je vous dis." Impossible de comprendre ce dit nouveau sans référence au dit ancien et sans la capacité de remonter à la source du dire, la parole de Dieu qui se révèle ("les cieux à nouveau ouverts"). Et ce dire nouveau n'est pas simple vouloir dire (initiative purement subjective et unilatérale, voire autoritaire), mais rapport entre promesse et accomplissement selon une communauté historique réflexive, œuvre de l'Esprit[23] ». Si pour la grande Église le Christ établit le rapport entre l'Ancien et le Nouveau Testament, et c'est lui le Logos qui s'inscrit dans la chair, pour Marcion la chair du Christ n'est qu'apparence puisque Jésus, le Fils du Dieu bon, a un corps d'origine céleste.

Il est difficile de ne pas voir chez Marcion mais aussi dans certaines interprétations de l'Ancien Testament faites à la lumière du Nouveau, l'écho d'un ancien thème déterminant de la vie religieuse des peuples de la Méditerranée orientale, voire un motif qui fait partie de leurs théogonies, mieux, qui les explique : le dieu ancien finit par être remplacé par un dieu jeune, c'est-à-dire un dieu dans la plénitude de son être. Au XIIIe siècle avant notre ère, dans le panthéon d'Ougarit (le port de la Syrie du Nord), à côté du dieu suprême El, le dieu Baal se révèle le protagoniste de maints exploits à l'image de ceux accomplis par les anciennes divinités de la Mésopotamie à la même époque (ou à des époques antérieures). Cette notion théologique se retrouve plus tard, toujours sur la côte syrienne, car Philon, le grammairien et l'historien de Byblos, un contemporain de Marcion, est présenté par Eusèbe de Césarée dans *La préparation évangélique* comme le traducteur en grec d'une ancienne histoire de la Phénicie qui aurait été écrite en phénicien par Sanchuniathon. Eusèbe invoque l'autorité de Porphyre pour démontrer l'antiquité de ce personnage ; quoi qu'il en soit, il suffit de remarquer ici que le panthéon phénicien du texte de Sanchuniathon reflète en partie celui d'Ougarit et que la différence de générations entre les dieux ainsi que le récit de leurs différentes prouesses ont pu être un bon canevas sur lequel bâtir quelques réflexions sur la confrontation entre le Dieu de l'Ancien Testament, sorte d'El tout-puissant mais lointain, et Jésus, tel un Baal capable de vaincre le mal, comme le Baal d'Ougarit (ou de la Phénicie) avait vaincu la mer, donnant ainsi aux marins de la côte syrienne le courage d'affronter les flots. L'existence du Christ du Nouveau Testament pourrait ainsi apparaître comme la version théologique de cette tradition antique qui remplace dans ses fonctions le dieu ancien par un dieu jeune. Marcion avait bien vu qu'après le dieu du Sinaï, qui est le Yahvé des nomades, venait le Christ, le « Seigneur » des textes pauliniens.

Que Marcion ait été un hérésiarque pour l'Église chrétienne primitive ne lui enlève pas le mérite d'avoir compris le dynamisme interne de certaines religions. Le rayonnement de Marcion dans certains milieux, notamment à Édesse, au nord de la Mésopotamie, attire l'attention de l'historien. L'apologiste Justin, un contemporain de Marcion, commente avec étonnement dans sa première *Apologie* (chap. 26) l'importance que son enseignement avait acquise parmi les chrétiens en général. Peut-être fut-ce le fait de vouloir définir Dieu, d'expliquer en termes dramatiques qui était le Dieu irascible et sévère des Hébreux et qui le Dieu des chrétiens, qui lui valut l'admiration de certains groupes. Son dualisme transcendantal ne fut nullement l'opposition du bien et du mal mais celle de la bonté et de la justice. Si le Dieu juste créa le monde, le Dieu bon avait envoyé inopinément le Christ sous l'apparence d'un corps pour délivrer l'homme du monde et de son Créateur. La doctrine néotestamentaire de Marcion conduisait à faire du christianisme une religion nouvelle en rupture complète avec tout le passé, ce qui était inadmissible dans les milieux bien-pensants, car, d'après la thèse officielle, le christianisme s'était manifesté dans l'histoire à un moment déterminé. Jésus, le *Logos* divin, se laissait définir théologiquement dans le temps et dans l'espace grâce aux notions empruntées à la philosophie des néoplatoniciens, mais la seule thèse valide était celle de la grande Église : l'apparition de l'Évangile signifiait l'accomplissement de ce que maintes figures de l'Ancien Testament avaient annoncé dans le passé. Les théologiens orthodoxes restaient ainsi dans la lignée des penseurs anciens pour qui l'innovation en religion aurait été preuve d'imposture.

En conclusion, l'allégorie en exégèse biblique conduisait à des théories discutables, car elle retirait à l'Ancien Testament sa valeur spécifique de livre d'une religion et d'un peuple pour en faire un simple texte capable de créer une ambiance culturelle pour le lecteur du Nouveau Testament. La notion de judéo-christianisme ne pourrait pas trouver là des preuves à son appui, et le texte d'Eusèbe de Césarée dans sa *Préparation évangélique* conforte pleinement la conviction que cette notion est un pur artifice. Eusèbe y cherche à définir l'Évangile en montrant que le christianisme est une doctrine fondée en raison, et pour bien répondre aux critiques que le christianisme peut susciter chez les païens et chez les juifs, il résume leurs points de vue. Eusèbe invite le lecteur à prendre conscience de sa position à l'égard des juifs :

> « Nous qui sommes étrangers de nation et de race, nous nous servons de leurs livres qui ne nous concernent en rien et, sans pudeur — comme ils pourraient dire —, sans vergogne, nous nous introduisons chez eux et nous usons de violence pour expulser de leurs institutions ancestrales des gens qui y sont chez eux et même de naissance. Car, s'il peut bien y avoir un Christ annoncé prophétiquement, ils étaient juifs en tout cas les prophètes annonciateurs de sa venue, qui de plus ont prédit qu'il viendrait comme libérateur et roi des juifs et non pas des nations étrangères ; et si les Écritures contiennent par ailleurs d'assez flatteuses perspectives, elles aussi sont exprimées à l'intention des juifs et nous sommes malhonnêtes en les détournant de leur sens. Et c'est agir inconsidérément que d'accueillir avidement les preuves qui convainquent ce peuple d'erreur et de taire en revanche les promesses de prospérité que mentionnent les prophètes ; ou plutôt de les transférer de force sur soi-même, en se taillant ainsi tout bonnement une part indue et en se dupant, ni plus ni moins, soi-même. Mais le plus absurde, c'est que, loin d'entourer leurs règles d'un respect analogue au leur, mais les transgressant ouvertement, nous revendiquons pour nous les

récompenses d'une certaine valeur promises aux gardiens de ces lois » (1, 2, 5-8).

Le texte est étonnant. Eusèbe remet les choses à leur place : les chrétiens « transgressent ouvertement » (*prophanôs paranomountes*) les observations mosaïques tout en se prévalant des promesses faites aux juifs. J. Sirinelli en conclut à bon droit : « Il est notable que les deux développements consacrés aux critiques des païens et aux critiques des juifs se terminent de la même manière par un trait particulièrement caustique flétrissant l'inconstance des chrétiens : ils vont aux juifs, mais c'est pour en tirer de nouvelles croyances ; ils ne respectent pas les rites des juifs, mais ils en revendiquent les espérances[24]. »

On peut également dire, en se tenant à la pensée d'Eusèbe, que cette transgression « sans vergogne » (*anaischuntôs*) des textes de l'Ancien Testament pratiquée par les premiers chrétiens fraie la voie aux créations liturgiques et théâtrales de l'Europe du Moyen Âge qui ont perduré jusqu'à l'époque moderne, toutes faites avec l'intention d'instruire le peuple chrétien. Dans *Le mystère d'Adam*, un texte du XIIe siècle en ancien français, les sept versets du chapitre 3 de la Genèse qui décrivent la chute deviennent une longue composition dramatico-liturgique entièrement adaptée à la vie d'un couple de villageois qui discutent des intentions de celui qui avait approché Ève pendant l'absence de son mari[25]. Ailleurs, et plus tard, la représentation d'un *auto sacramental*, comme *Le grand théâtre du monde* de Calderón, envisageait une lecture néotestamentaire des plus anciens textes bibliques. Le spectateur, invité à ne pas séparer la liturgie autour de l'autel de la scène qu'il voyait occupée par différents personnages, apprenait de la voix de l'un d'eux — l'acteur qui jouait le rôle du Monde — qu'il allait se servir des « apparences » pour représenter la Loi Écrite, c'est-à-dire la loi des tables de Moïse, et puis qu'il discourrait sur la Loi de Grâce qui s'était annoncée par de grands prodiges et de nombreux miracles. Tout au long des 1 572 vers de l'*auto sacramental*, Calderón mentionne, comme on pouvait s'y attendre, des passages bibliques de l'Ancien Testament (création, chute, déluge, la traversée de la mer Rouge, Moïse au mont Sinaï, les trois Hébreux dans la fournaise, la sagesse de Salomon, les plaintes de Job), et ce sont les acteurs (l'Auteur, le Roi, la Sagesse, la Beauté, le Riche, le Laboureur, le Pauvre, l'Enfant) qui par leurs paroles les rendent « réels » devant le spectateur. Il y a dans ces drames liturgiques, que ce soit le *Mystère d'Adam* ou *Le grand théâtre du monde*, une actualisation de l'Ancien Testament qui l'emporte « de force » sur ce qu'Eusèbe de Césarée avait décrit. Les chrétiens sur la scène n'interprètent pas seulement les épisodes de l'Ancien Testament à la lumière des événements dont fait état le Nouveau Testament, ils font de ces épisodes des *figures spirituelles* de la nouvelle réalité chrétienne, enlevant ainsi au passé décrit par les textes vétéro-testamentaires toute sa valeur historique[26]. La vision de l'Ancien Testament que donne Montesquieu dans le *Spicilège* montre bien les déroutes que l'allégorie peut provoquer : « Il faut avouer que la lecture de l'Ancien Testament serait bien dangereuse à un homme qui ne consulterait que les faibles lumières de sa raison et quiconque lirait l'endroit qui regarde la création du monde, le paradis terrestre, le déluge, la conduite d'Abraham, de sa femme, de Jacob à l'égard de ses deux femmes et de ses femmes, l'endurcissement du pharaon, les miracles de Moïse et de Josué, la traversée du désert, Judith, Daniel et la fournaise, ne sachant pas que tout cela est mystérieux et figuratif, sentirait ce que saint Augustin dit : que tout l'Ancien Testament devient insipide et dégoûtant lorsqu'on n'y cherche pas Jésus-Christ[27]. » Cette interprétation abusive du riche legs biblique ne peut qu'inciter à un antisémitisme dissimulé, une situation malheureuse quand Ancien et Nouveau Testament constituent un ensemble dont l'homme est toujours invité à bénéficier avec discernement.

3

LA CONVERSION AU CHRISTIANISME

À la fin du IIIe siècle, trois systèmes religieux se profilent en Asie occidentale et autour du bassin méditerranéen : le néoplatonisme, avec un discours sur la puissance infinie de l'Un identifié au Bien, l'essence de l'Intellect et de l'Âme ou l'intelligibilité du monde sensible ; le christianisme, qui prêchait le message laissé par Jésus de Nazareth et enseignait la théologie encore balbutiante d'un Dieu en trois personnes, et le manichéisme, une doctrine syncrétiste de tendance gnostique, fondée par Mani suivant les traces du jugement de Marcion, qui opposait l'Ancien Testament à Jésus et qui soutenait que le bien et le mal sont deux principes d'action fondamentaux et égaux. Les trois religions avaient déjà perdu à cette époque leur premier caractère régionaliste quand aux éléments de la tradition philosophique et religieuse de l'Antiquité hellénistique s'étaient ajoutés des éléments sémites et perses ; elles étaient désormais œcuméniques, toutes trois partageant une sotériologie où les notions de révélation, de rédemption et d'ascétisme étaient censées apporter aux adeptes la promesse du salut et même de l'immortalité. Or elles demandaient de quiconque voulait les suivre une transformation intérieure qui devait être accompagnée d'une nouvelle éthique et de la pratique de certains rites, et l'acceptation du christianisme ou du manichéisme, comme jadis l'initiation aux cultes des divinités païennes, comportait en effet une *conversion*, une vraie restructuration de la vie spirituelle de l'individu. La présence d'un fondateur dans le christianisme et dans le manichéisme donna à ces deux religions la possibilité de créer leur propre apostolat et hiérarchie, voire une Église. Devenues de vraies religions d'État, il n'était pas surprenant que cette institutionnalisation forçât les gens à accepter la nouvelle religion. Le néoplatonisme, en revanche, privé de *leadership*, donc d'Église, allait se fondre dans la pensée des écrivains chrétiens de l'époque patristique et, plus tard, dans les écrits de philosophes de langue arabe comme al-Kindi et al-Farabi au IXe siècle, et du juif Salomon ibn Gabirol au XIe siècle.

Du judaïsme aux premiers siècles de l'ère, on peut dire que sa forme dominante était le judaïsme talmudique, qui s'était développé en Palestine et à Babylone. La foi de ce judaïsme reposait bien entendu sur des fondements bibliques, mais « la violence passionnée de l'ethos religieux des prophètes avait fait place, à l'époque talmudique, à une piété plus calme, plus retenue, voire plus sobre, liée à l'histoire et à la tradition, sans que fût pour autant abandonné le caractère activiste de la religion juive. La vie religieuse était toujours centrée sur les “commandements” divins à travers lesquels Dieu s'était adressé à la volonté humaine, et elle montrait la voie d'une communion entre Dieu et l'homme[1] ».

Regardons maintenant de près le christianisme et le judaïsme. Si la doctrine théologique et le culte sont les deux éléments qui peuvent caractériser une confession religieuse, dans le christianisme, ni le texte qui reçut l'approbation des premiers conciles ni la liturgie — baptême, eucharistie, ordination des évêques — n'ont un rapport quelconque avec le judaïsme, malgré le fait que la « bonne nouvelle » eût été annoncée tout d'abord en Palestine ; ceux qui utilisent la notion de judéo-christianisme ne pensent sans doute pas à ce qui est devenu la quintessence de la foi chrétienne, le credo, c'est-à-dire le « symbole » des apôtres où sont mentionnés, dans une formulation soigneusement étudiée, les articles fondamentaux de la grande Église[2].

Le témoignage du credo et du rituel

Des traditions apocryphes, de pieuses légendes veulent que le credo ait été plus ou moins formulé par les apôtres avant de se disperser ; ils se seraient concertés pour produire un texte qui aurait donné une cohérence à leur enseignement malgré leur éloignement. Certes, il paraît évident d'après les écrits néotestamentaires qu'après la mort de Jésus apôtres et adeptes ont eu assez tôt la conscience de posséder une pensée religieuse différente de celle de leurs contemporains, les juifs religieux, avec qui les premiers chrétiens eurent des désaccords qu'ils durent formuler clairement pour justifier leurs distances idéologiques. Plus tard, peut-être suite à la persécution, apôtres et disciples partirent pour prêcher « la bonne nouvelle » hors de la Palestine. Il n'existe certainement pas un credo de la première heure, mais on peut trouver le témoignage d'un évangile embryonnaire dans les lettres de Paul. Il s'agit de sentences comme celles-ci : « Prends pour norme les saintes paroles », « la sainte doctrine », « le dépôt (de la foi) », « la bonne doctrine dont tu es le disciple fidèle », « la profession de foi », « l'enseignement élémentaire sur le Christ », « gardez les traditions que vous avez apprises », « la règle de la doctrine (*typon didachês*) à laquelle vous avez été confiés ». Ces paroles font référence à un noyau doctrinal qui constituait pour les premières générations chrétiennes la base d'une catéchèse et qui serait peut-être à dissocier d'une prédication générale, c'est-à-dire de « la Bonne Nouvelle », où l'on racontait la vie et les miracles de Jésus.

Le noyau doctrinal acquit une formalisation dans le rituel du baptême, c'est-à-dire le moment où le catéchumène devait faire sa profession de foi. Selon les Épîtres de Paul et d'autres textes, cette profession était au commencement très simple : il fallait dire « Jésus est le Seigneur » ou « Jésus est le Christ ». On en a l'écho dans un paragraphe de la lettre de Pline le Jeune à Trajan à propos des chrétiens : « On a affiché un libelle sans signature contenant un grand nombre de noms. Ceux qui niaient être chrétiens ou l'avoir été, s'ils invoquaient les dieux selon la formule que je leur dictais et sacrifiaient par l'encens et le vin devant ton image que j'avais fait apporter à cette intention avec les statues des divinités, si en outre ils blasphémaient le Christ — toutes choses qu'il est, dit-on, impossible d'obtenir de ceux qui sont vraiment chrétiens —, j'ai pensé qu'il fallait les relâcher » (10, 96 ; trad. M. Durry).

À côté de ce credo minimal, une sorte de formule analogue à celle dont parle Pline, on peut lire des hagiographies de Jésus qui font parfois état de ses souffrances, de sa mort sous Ponce Pilate et de sa résurrection, de l'apparition aux apôtres et de son ascension aux cieux pour s'asseoir à la droite de Dieu. L'affirmation de la seconde venue de Jésus le Christ pour juger les vivants et les morts peut aussi être un objet de confession. Une fois — c'est la première Épître aux Corinthiens 8, 6 —, le Christ est comparé sans ambiguïté à Dieu le Père « de qui tout vient et pour qui nous sommes faits ». Des douze textes où Paul exalte la mission de Jésus, deux seulement (Rom., 1, 3 et II Tim., 2, 8) affirment que Jésus est issu de la lignée de David, une maigre référence à l'histoire vétéro-testamentaire. On trouve chez les « Pères apostoliques », c'est-à-dire des auteurs du Ier siècle ou du commencement du IIe tels que l'auteur anonyme de la *Didaché* (« L'instruction aux gentils »), Hermas, Clément de Rome ou Ignace d'Antioche, des confessions de foi qui se rapprochent des textes de Paul, mais elles sont déjà élargies par la mention de l'Esprit-Saint. Ignace dit en outre que Jésus, de la lignée de David, est fils de Marie et fut baptisé par Jean. Au milieu du IIe siècle, Justin, né à Sichem, en Palestine, mentionne déjà à plusieurs reprises de simples formules trinitaires dans l'*Apologie* qu'il dédia à l'empereur Antonin le Pieux, mais il énumère aussi les questions que le catéchiste posait au candidat au baptême ; à la vue de ces textes, on peut conclure que la vie et les miracles du Christ l'emportaient comme objet d'attention sur les notions de Dieu créateur et d'Esprit-Saint.

L'analyse des textes de ces auteurs, auxquels on peut ajouter ceux d'Irénée de Lyon et de l'Africain Tertullien dont les écrits représentent un témoignage fiable pour l'Antiquité chrétienne, révèle qu'aux IIe et IIIe siècles n'existaient pas de vraies professions officielles de foi chrétienne. Les confessions étaient des résumés évangéliques destinés à être enseignés dans les réunions catéchistiques ou récités lors des actes liturgiques. Toutefois, même si on admet, comme il paraît plausible, une diversité de professions de foi en raison de l'existence de différentes Églises, le rituel du baptême exigeait du catéchumène une vraie déclaration de foi, probablement mémorisée, préalable à l'acte. Cette « déclaration » se formulait de manière progressive le long des dialogues entre le catéchiste et le candidat au baptême. Suivant l'ancienne tradition du rituel dans les religions à mystères, les premières communautés chrétiennes ont pu garder le secret des formules employées, ce qui expliquerait l'absence d'une information satisfaisante sur les pratiques baptismales des trois premiers siècles.

Le credo se formalise en 325 au concile de Nicée : c'est la profession de foi rédigée par les

Pères de l'assemblée convoquée contre Arius pour affirmer solennellement que le Christ (le Verbe) est engendré, non créé, consubstantiel au Père. Les questions théologiques prennent à partir de ce moment une place importante, contraignante, ce qui est parfois à l'origine d'épisodes tragiques, surtout dans les Églises d'Orient. S'il faut définir de manière précise l'objet de la foi, les ambiguïtés ne manquent jamais. En 348, Cyril, évêque de Jérusalem, administrait le baptême la nuit, la veille du jour de Pâque. Les candidats dans la cour du baptistère, en quatre actes successifs tournés vers l'ouest, renonçaient à Satan, à ses œuvres, à ses pompes et à son culte, puis, se tournant vers l'est, déclaraient leur foi dans le Père, le Fils, l'Esprit-Saint et le baptême de contrition. Moins explicite, la confession de foi faite par Marius Victorinus, titulaire de la chaire publique de rhétorique à Rome, avait un caractère formel. Augustin, dans *Les confessions*, nous transmet la relation de la conversion au christianisme de ce fameux rhéteur par le prêtre Simplicianus durant l'été 386. Je transcris ce long texte qui ne manque pas d'intérêt :

> « Une fois pénétré des premiers mystères de l'initiation, sans plus tarder, Victorinus se fit inscrire en vue du baptême qui régénère, et cela à la stupéfaction de Rome et à la joie de

l'Église... Enfin arriva l'heure de la profession de foi : c'est une formule consacrée, apprise par cœur, et, depuis un lieu élevé et en présence du peuple des croyants, récitée de mémoire par les aspirants à ta grâce : telle est la coutume à Rome. Les prêtres, rapporta Simplicianus, proposèrent à Victorinus de la réciter plutôt dans l'intimité — offre couramment proposée aux personnes timides qui pourraient avoir l'air gêné ; mais, lui, il préféra confesser sa foi salutaire en présence de l'assemblée sainte. En effet, ce n'était pas le salut qu'il enseignait dans sa profession de rhéteur, pourtant exercée publiquement : si donc, parlant en son nom, il ne s'était pas laissé intimider par les foules insensées, combien, prononçant ta parole, devait-il moins se laisser intimider par le paisible troupeau de tes croyants ! Aussi bien, quand il monta pour réciter la profession, tous ceux qui le connaissaient (et qui donc sur place ne le connaissait ?) se murmurèrent son nom qui circula dans un murmure de félicitations. Puis, dans la liesse générale, en un son contenu, son nom résonna dans toutes les bouches : Victorinus ! Victorinus ! Très vite, à sa vue, ce fut une acclamation de joie. Très vite aussi ce fut le silence : on était tendu pour l'écouter. Il proclama la foi véritable avec une splendide assurance » (8, 2, 5).

Le chrétien possède à partir du IVe siècle une « formule consacrée » pour déclarer sa foi, une formule qui peut varier d'église à église mais qui est formalisée parce qu'elle représente la tradition du lieu, et c'est avec cette garantie que le baptême et d'autres actes liturgiques y seront célébrés. Du IVe au VIe siècle, les credo des Églises d'Occident (Milan, Aquilée, Ravenne, Ávila, Hippone, Carthage) se groupent autour du credo de Rome tout en ne le respectant pas à la lettre ; ceux de l'Orient (Jérusalem, Césarée, Antioche, Mopsueste, Alexandrie) sont plus variés, autant que l'étaient leurs liturgies. On peut remarquer une différence d'idéologie entre les deux traditions : les Occidentaux insistent davantage sur l'hagiographie du Christ tandis que les Orientaux affirment que Dieu est le créateur de toutes les choses visibles et invisibles et que le Christ est le Fils unique du Père, incréé, existant avant le Temps, cocréateur ; dans de rares références isolées à l'Ancien Testament, les credo de Jérusalem ou de Tyane en Cappadoce signalent que l'Esprit-Saint parla par les prophètes, un autre, d'Alexandrie, affirme que l'Esprit-Saint « renouvela » les saints de l'Ancien Testament et les maîtres inspirés du Nouveau.

L'origine des credo en tant que premières déclarations de la foi chrétienne a toujours attiré l'attention des historiens. Les sources anciennes — catéchèses, liturgies, sermons — ne sont pas faciles à démêler. Le sujet, en effet, prête à confusion parce qu'il n'est pas facile de séparer le fondamental — l'objet nouveau de la croyance — de l'accessoire, c'est-à-dire l'opinion, voire le sentiment personnel de certains ecclésiastiques qui résultait des rapports qu'ils avaient pu avoir avec une audience hostile, prête à contrefaire l'enseignement de l'autorité. La lecture des différents credo révèle d'emblée que la doctrine dont ils sont le résumé fait table rase de l'Ancien Testament sauf pour les deux allusions mentionnées plus haut à « la lignée de David » et à « la parole des prophètes à travers l'Esprit-Saint ». D'autre part, la référence à la création « des créatures visibles et invisibles », dont font état les credo de Césarée, Jérusalem, Antioche, Mopsueste et les *Constitutions apostoliques* compilées en Syrie ou en Palestine à la fin du IVe siècle, relève à mon avis d'une interprétation allégorique de l'acte créateur qui caractérise, comme on l'a déjà vu, la méthode exégétique de l'école d'Alexandrie qui voulait distinguer dans le récit de la Genèse le jour Un, quand lumière, anges et âme furent créés, des cinq jours pendant lesquels Dieu fabriqua le monde visible.

Si du credo on passe à la célébration eucharistique, il faudra examiner les passages de *la fraction du pain* mentionnés dans les Actes des Apôtres, qui sont considérés unanimement par les historiens comme le rite initial de la messe ; cette *fraction* est une action pleine de sens, « étrangère aussi bien à la littérature juive que classique[3] ». Dans le texte du rituel eucharistique rédigé par Hippolyte (un prêtre grec qui vécut à Rome au IIIe siècle) manque toute allusion à l'Ancien Testament. Certes, le texte liturgique n'est pas encore fixe et Hippolyte le donne comme un simple canevas et affirme expressément le droit à la liberté d'improvisation, qui durera encore longtemps[4]. Assez tôt, des usages du rituel de la synagogue empruntés en un premier moment par les chrétiens pour leur célébration de l'eucharistie furent écartés, comme c'est le cas des prières d'action de grâces ou transformés, comme il est arrivé aux lectures de l'avant-messe qui sont mentionnées par toutes les sources ; il s'agissait d'une lecture de la Loi et des prophètes, c'était l'ancien héritage de la synagogue qui garda, selon Jungmann, un rôle déterminant. On aimerait pourtant connaître quelles étaient ces lectures vétéro-testamentaires. Ici, la distinction entre les rites eucharistiques orientaux et occidentaux pourrait s'avérer instructive. Les auteurs syriaques des premiers siècles, par exemple, se réfèrent continuellement aux textes de l'Ancien Testament dans leurs écrits théologiques ; la lecture de la Loi et des Prophètes dans l'avant-messe s'insérait dans un plan global d'enseignement. Une étude de la liturgie romaine de la messe aux premiers siècles, en revanche, révèle une absence quasi totale des textes de l'Ancien Testament. Les homélies commentent bien entendu les Évangiles, et dans le canon on trouve depuis le IIe siècle une simple référence aux sacrifices pré-mosaïques d'Abel (un mouton), d'Abraham (son fils) et de Melchisedech (pain et vin)[5]. La messe est un rite de salut qui se détache de tout autre exercice liturgique de la synagogue et perd bientôt son caractère de repas. La célébration liturgique des chrétiens a lieu très tôt le dimanche matin, en souvenir de la résurrection du Christ, et non pas le samedi soir, ce qui aurait perpétué la pratique juive du repas liturgique. Jungmann rappelle que, selon le témoignage de l'historien Socrate (*Histoire ecclésiastique*, V. 22), au Ve siècle en Égypte, on célébrait encore l'eucharistie le samedi soir en liaison avec un repas.

Le débat typique

Dans la littérature antijuive des premiers siècles en langue grecque, latine ou syriaque existe un genre littéraire représentatif des préoccupations religieuses de juifs et de chrétiens, c'est le discours souvent en forme de dialogue entre « le chrétien » et « le juif » où les arguments des deux parties sont exposés avec des textes de l'Ancien et du Nouveau Testament à l'appui. Le chrétien, toujours en position avantageuse, soutient que l'arrivée du Christ et son message étaient déjà annoncés dans les psaumes ou par les prophètes tandis que le juif, utilisant parfois les mêmes textes, reste fidèle à l'enseignement traditionnel. Il me paraît sans intérêt ici de s'arrêter à considérer, comme on le fait dans les discussions savantes, si l'un ou l'autre de ces textes est la reproduction d'un vrai dialogue ou s'il s'agit plutôt d'un artifice littéraire ; en revanche, les thèmes soulevés méritent toute l'attention du lecteur, car on y découvre les raisons qui séparent les chrétiens des juifs. Je me suis penché sur le dialogue syriaque de Serge le Stylite avec un juif, un texte composé probablement dans la seconde moitié du VIIIe siècle[6]. Outre des textes des deux Testaments, on trouve dans ce dialogue une série de citations extrabibliques qui sont des gloses de textes vétéro-testamentaires. L'ensemble constitue ce que l'on peut considérer comme un corpus des « Testimonia » qui fut utilisé par divers auteurs chrétiens — Justin, Cyprien, Tertullien — dans leurs écrits antijuifs ; leur exégèse se rapproche souvent du midrash, l'exégèse rabbinique de la Bible.

La première question discutée dans le texte de Serge est l'unité de Dieu. Le juif accuse le chrétien de ne pas accepter cette unité divine, et Serge, de son côté, veut prouver l'existence de la Trinité par ce verset du psaume 33, 6 : « Par sa Parole les cieux ont été faits » que Serge rapproche du verset d'Isaïe 48, 16 où la

« Parole » dit que Yahvé l'a envoyée avec « son Esprit ». Puis, après une brève remarque de Serge sur le fait que quelques dignitaires d'Israël n'étaient pas circoncis et ne pratiquaient pas non plus le sabbat, il réfute son interlocuteur juif qui avait dit : « Que soit maudit celui qui ne procrée pas en Israël ! », une sentence qui cherchait à mettre en évidence l'accusation faite aux chrétiens d'encourager le célibat selon le principe paulinien que « le mariage est bien mais le célibat est mieux ». En effet, cette sorte d'axiome pouvait être le résumé de la pensée de la première Église, particulièrement de l'Église du nord de la Mésopotamie. Toutefois, Serge s'interroge : s'il faut maudire celui qui ne procrée pas, faudrait-il maudire les anges et les prophètes qui ne procréent pas et bénir serpents et scorpions qui le font très jeunes ? La vénération de la croix et des images est un autre sujet de discussion qui se justifie pleinement au VIIIe siècle à l'époque de la controverse iconoclaste dans le territoire sous le contrôle des empereurs de Byzance. Plus loin, Serge déclare à son interlocuteur qu'il ne doit pas s'appeler juif ou Israël parce qu'il désavoue ce que les prophètes ont annoncé sur le Messie ; mais, alors, rétorque le juif, « ce sont les chrétiens qui dorénavant doivent s'appeler juifs et Israël puisqu'en acceptant le Christ ils accomplissent les prophéties ». Serge lui répond que le changement de nom créerait des confusions : le vrai juif, dit-il, doit s'appeler chrétien et le nom de la Synagogue doit être changé en celui d'Église. Avant de critiquer durement le fait que les chrétiens mangent du porc, le juif dit à Serge : « Je sais que j'ai beaucoup de choses à te dire, mais toi, tout ce que je te dis tu le considères comme du bavardage ; de fait, c'est plutôt la doctrine du fils de Marie qui est une élucubration verbale. » Comme on pourrait s'y attendre, les arguments de l'un et de l'autre ne sont jamais convaincants. Le juif confesse pourtant à un certain moment que si le Messie est celui que les prophètes avaient annoncé, il pourrait l'accepter. « Pourquoi ne le reconnais-tu donc pas ? » lui demande Serge, et le juif de répondre : « Pour deux raisons, la première est que mon cœur n'acceptera pas d'abandonner la loi de mes ancêtres, et la seconde est que j'ai peur que mon peuple ne me lapide ou ne me brûle. »

Une particularité de ce texte est que l'auteur utilise la *Guerre des juifs* de Flavius Josèphe pour prouver à son adversaire que le châtiment divin, la destruction par les Romains de Jérusalem et du peuple judéen lors de la guerre de 66-73 était une punition divine méritée pour ne pas avoir accepté le Christ. Serge est le seul à se servir de ce document dans sa polémique antijuive ; il sait mettre en lumière les paroles d'Éléazar de Machéronte :

> « Peut-être, dès le début, lorsque, voulant défendre notre liberté, nous n'éprouvions que de mauvais traitements les uns de la part des autres, et encore pires de nos ennemis, aurait-il fallu chercher à pénétrer la pensée de Dieu et nous rendre compte que le peuple juif, qu'il avait aimé autrefois, avait été condamné par lui. Car, s'il était resté bienveillant ou du moins modérément hostile, il n'aurait pas vu avec indifférence la perte d'un si grand nombre d'êtres humains, ni abandonné sa cité la plus sainte aux ennemis, pour qu'ils l'incendient et la détruisent de fond en comble » (7, 327-328 ; trad. P. Savinel).

Parmi les horreurs de cette guerre, Serge souligne le cas d'une mère qui mangea son enfant. Le juif répond seulement qu'il n'osera pas accuser Dieu ; certes, la réalité tragique d'alors imposait le silence (celle de notre Seconde Guerre mondiale a justement invité plus d'une personne non pas à l'accusation mais à la négation de Dieu), mais il ajoute : « Je suis très étonné de voir qu'après avoir connu tout cela il y ait des chrétiens qui s'associent à nous et apportent des offrandes, des aumônes et de l'huile à la synagogue, et qu'au moment de la Pâque ils envoient le pain azyme, et sans doute font-ils d'autres choses. » Le juif a raison de conclure que ces personnes-là ne sont pas de bons chrétiens : « Leur conduite nous scandalise. » Ils scandalisent juifs et chrétiens, et Serge ne peut que donner son assentiment et accepter que dans toutes les religions se trouvent des personnes insensées. Nous avons ici une référence instructive au problème que soulevait soit la conversion des chrétiens au judaïsme, soit le retour de juifs convertis à leur religion d'origine. La conversion souvent forcée des juifs est bien attestée en Orient comme en Occident précisément avant et pendant l'époque où le dialogue de Serge fut écrit. Avant d'étudier cette question de près, il faut esquisser la situation du christianisme en Orient.

Depuis la naissance du christianisme, l'observance des pratiques juives avait servi de critère infaillible pour définir qui pouvait être considéré comme judéo-chrétien. Au IVe siècle, la situation était tout à fait autre. L'Évangile s'était répandu en Orient et une grande partie des populations avait même accepté la nouvelle religion. Celle-ci s'étend aussi dans l'Empire perse sous les Sassanides, et les écrits en langue syriaque montrent que le christianisme y était florissant. Des auteurs araméens comme Éphrem d'Édesse ou Aphraates le Sage Persan font preuve dans leurs écrits d'une volonté délibérée d'expliquer dans leur langue syriaque l'Évangile en tenant compte des livres de l'Ancien Testament tout en se détachant complètement du judaïsme. Il y a dans cette nouvelle phase une sorte d'attachement purement *lexicographique* au judaïsme qui se révèle dans la littérature syriaque là où le texte hébreu des livres de l'Ancien Testament ou l'araméen du Talmud ont influencé soit la traduction syriaque de certains passages bibliques, soit l'interprétation théologique du texte proposée par les auteurs[7], mais il s'agit toujours d'une forme superficielle de judéo-christianisme.

Le fait que la Bible et l'enseignement de Jésus provenaient du judaïsme n'allait pas conditionner la rédaction des ouvrages théologiques, d'autant plus que même le récit des Évangiles, même s'il était l'œuvre d'écrivains juifs, fut bientôt transformé en une histoire exclusivement chrétienne au point d'oublier non seulement le contexte géographique et social dans lequel cette écriture s'était développée, mais aussi les langues — araméen et grec — dans lesquelles les Évangiles avaient été écrits. L'Église, d'abord grecque puis latine, se considéra comme l'héritière de l'Israël de l'Ancien Testament, mais pour elle le judaïsme n'était que le devancier du nouvel ordre, ce qui impliquait l'abolition de certaines croyances et de certains rites prescrits par la Loi mosaïque. Vers cette nouvelle histoire sainte — qui présentait un vrai programme de salut — convergeaient la foi des patriarches, la sagesse des juges, la vision des prophètes, la piété des saints et des saintes du passé : l'Ancien Testament était là pour préparer ce qui allait venir. On voyait dans le passé ce qu'allait être le futur, mais le futur y était déjà présent. L'Évangile éclairait l'Histoire, la fondait même puisqu'il en faisait une histoire du salut. Comme il a été dit plus haut, l'interprétation allégorique des livres bibliques devenait l'instrument magique qui permettait d'expliquer le passé par le présent. C'est là, dans l'interprétation théologique de l'histoire, que le judéo-christianisme fit sentir son poids et, de surcroît, provoqua souvent chez de nombreux écrivains ecclésiastiques une réaction antisémite à l'égard des juifs qui continuaient à s'en tenir à la loi de Moïse. On pourrait dire que c'est alors que la notion de judéo-christianisme s'effondre.

Dans le rituel d'initiation au baptême, le catéchiste a dû se référer à certains textes de l'Ancien Testament mais nous n'avons que des bribes — et rien d'autre — de cet enseignement. Dans l'*Ordo romanus* du milieu du VIIe siècle, par exemple, je trouve le texte d'Ézéchiel I, 10, où la vision des quatre faces, d'homme, de lion, de taureau et d'aigle, est utilisée pour justifier les symboles des quatre évangélistes dans la tradition chrétienne[8]. Pendant le carême, le jeûne du chrétien est comparé à celui du Christ (Matthieu, 4, 1-11) et tous deux au jeûne de Moïse (Exode, 24). La justesse de ces comparaisons honore l'élément néotestamentaire mais ne fait ni des évangiles ni du jeûne des réalités judéo-chrétiennes. Nous sommes une fois de plus dans le domaine des contours évanescents de l'allégorie.

Les conversions forcées

La croyance en un Jésus de Nazareth qui serait le Messie annoncé par les prophètes bibliques éloigne les juifs du christianisme, car il n'est pas le Messie politique qu'ils attendaient, et dire de la nouvelle religion qu'elle est judéo-chrétienne ne fait qu'ébranler les fondements du judaïsme. Pour un païen, la conversion au christianisme pouvait représenter l'accomplissement d'une manière de penser, surtout de vivre selon des critères bien définis par les différents courants philosophiques ; pour les juifs, en revanche, la nouvelle religion les obligeait à aller à rebours de ce que les livres de l'Ancien Testament leur avaient appris. En tenant compte de la vision que les auteurs chrétiens ont de l'Ancien Testament, toujours en fonction de l'arrivée du Christ, on peut dire avec H. Hübner que *Vetus Testamentum in Novo receptum* est « substantiellement différent » du *Vetus Testa-*

mentum per se. Cette nouvelle lecture, forcée, des livres de l'Ancien Testament enlevait à Israël sa condition d'élu de Dieu ; depuis la nuit des temps, Dieu avait fait d'Israël son peuple de prédilection : la lecture *traditionnelle* du texte sacré faite par les Hébreux réservait aux gentils une chance secondaire de salut. Or, selon un Ancien Testament interprété à la lumière du Nouveau, le salut est le même pour tous[9]. On peut trouver dans la nouvelle lecture du texte sacré toutes sortes de figures, rhétoriques ou théologiques, d'exégèse, mais le fait reste qu'Israël selon la théologie chrétienne n'est plus le peuple élu de Dieu. Israël pouvait difficilement comprendre, moins encore accepter la présence d'un second peuple élu dans l'histoire de l'activité providentielle de Dieu. À la Renaissance, les efforts de Lorenzo Valla (1407-1457) puis d'Érasme pour l'acceptation d'une Bible latine, grecque et hébraïque se concrétisèrent en 1500 quand ce dernier décida de se consacrer aux études bibliques pour le reste de sa vie. Or des réticences *théologiques* existèrent à l'égard de cette manière de considérer le texte biblique qui était connu surtout en latin ; un humaniste comme Leonardo Bruni (1369-1444) avait soutenu à un certain moment que les versions des Septante et de la Vulgate étaient inspirées par l'Esprit-Saint et qu'on ne devait accorder aucun crédit à ceux qui prétendaient que les

« fondements de la vraie foi procèdent des livres des juifs, et qu'alors même qu'on peut fort bien les lire en traduction il est préférable d'aller aux sources plutôt qu'aux ruisseaux ; je prétends (disait-il) que nous ne sommes pas juifs, mais chrétiens, et que les sources ne sont pas à eux, mais à nous[10] ». Pour les juifs, cette interprétation chrétienne de l'Ancien Testament devint à juste titre inacceptable autant que le baptême qu'on leur avait administré par la force dans l'empire romain d'Orient et d'Occident pendant les premiers siècles. Les relations entre juifs et chrétiens ne purent que se radicaliser dès lors que la grande Église affermit son pouvoir politique et se présenta comme le « nouvel Israël ». On ne peut pas affirmer sans réserve que les juifs persécutèrent les chrétiens et que Tertullien ait dit la vérité quand il décrit les synagogues comme *fontes persecutorum*, mais il est certain qu'après la victoire de l'Église sous Constantin les juifs soutinrent les mouvements d'opposition aux autorités et des factions hétérodoxes chrétiennes, comme, par exemple, celle des ariens[11]. Le soulèvement des juifs à Antioche pendant le règne de l'empereur Phocas en 609-610 ne se produisit pas soudainement. Le malaise social les encouragea à se révolter contre les chrétiens ; ils tuèrent le patriarche et traînèrent son corps tout au long de la ville[12]. Les polémiques entre juifs et chrétiens sont donc devenues, au VIIe siècle, moins littéraires, elles ont changé, comme l'a remarqué G. Dagron, « dans le ton et sur le fond ».

La thèse générale chez les historiens de cette Antiquité tardive serait qu'une fois les païens convertis les juifs restaient la seule cible des missionnaires chrétiens. Or il me paraît opportun de rappeler, surtout en pensant à la fragilité de quelques conversions de juifs et de chrétiens dont il sera question plus tard, que les conversions des païens au christianisme ne furent pas toujours sincères ou, du moins, que les nouveaux convertis retournèrent souvent à leurs anciens cultes. Sur cette question, des textes de Libanius apportent des renseignements précis pour l'Antioche du IVe siècle. Libanius, le rhéteur respecté par tous, sait que la conversion est un acte délicat et cela justifie pleinement les paroles qu'il adresse au *consularis* Alexandre quand il le prie de calmer son ardeur : « Je veux bien que tu montres du zèle pour les Dieux et que tu ramènes à leur culte un grand nombre d'égarés, mais il ne faut pas t'étonner lorsque l'un d'entre eux, après avoir sacrifié, désapprouve ce qu'il a fait et ne veut plus sacrifier. Hors de chez eux, ils cèdent à la sagesse de tes conseils, ils t'obéissent et s'approchent des autels, mais rentrés chez eux, leurs épouses, les larmes qu'elles versent, la nuit qui porte conseil, les font changer de résolution, et ils fuient de nouveau les autels[13]. » Les juifs, quant à eux, ne se pressaient pas moins pour convertir les païens. Le récit du prophète Jonas envoyé pour convertir les gens de Ninive reste un bon paradigme de conduite juive à l'égard des cultes païens ; n'oublions pas que, avant même d'arriver à la ville mésopotamienne, Jonas fut jeté à la mer par les matelots et que cet acte calma la tempête, ce qui « saisit tous les hommes d'une grande crainte de Yahvé » et les poussa à lui offrir un sacrifice. Ce fut une conversion due aux circonstances, comme le serait celle des Ninivites. Mis à part ceux qui ont voulu raconter l'itinéraire spirituel qui les avait conduits à changer de religion et qui persévérèrent sans hésitation dans la nouvelle foi, comme Justin, l'apologiste du IIe siècle, ou saint Augustin, maints convertis ont dû osciller entre conduite sociale et pratiques à l'intérieur de la maison, comme l'explique Libanius à son ami.

Le passage du judaïsme au christianisme présente d'autres caractéristiques. Le fait que le *Nouveau* Testament soit appelé ainsi à cause de son rapport avec l'*Ancien* Testament posait aux juifs la question d'une éventuelle conversion au christianisme en termes bien précis : oublier l'Ancien comme s'il était obsolète ; une fois que la nouvelle religion se fut installée comme la religion officielle, ces termes devinrent même contraignants jusqu'au point que le juif ne pouvait pas ne pas se convertir. Dans quelques milieux ecclésiastiques, en effet, on voulut rendre le baptême obligatoire. G. Dagron a publié un document d'intérêt exceptionnel, la lettre de 632 que Maxime le Confesseur adressa du monastère d'Eukratas près de Carthage au supérieur d'une communauté religieuse de Palestine :

> « Afin que vous sachiez la nouveauté qui s'est produite ici, je vous en ferai un rapport succinct en peu de phrases. Le serviteur béni de Dieu, éparque hautement célébré des gens d'ici, revenant de la reine des villes (Constantinople), a fait chrétiens tous les juifs et Samaritains de toute l'Afrique, autochtones aussi bien qu'étrangers, sur ordre de nos très pieux empereurs, avec femmes, enfants et esclaves ; ils ont été conduits au très saint baptême — au total des milliers et des milliers d'âmes — le jour de la sainte Pentecôte de l'actuelle cinquième indiction (= 31 mai 632). J'entends dire que cela s'est produit dans tout l'empire des Romains, ce qui m'a saisi d'un terrible effroi et me fait frémir. J'ai peur, en effet, d'abord que soit profané le grand et vraiment divin mystère, s'il est donné à des gens qui n'auront pas fait préalablement la preuve que leur pensée est en accord avec la foi ; deuxièmement, je pense au danger qu'encourent ces mêmes personnes pour leur âme, et crains que, ayant l'amère racine de l'impiété de leurs pères conservée au fond de leur âme, ils ne se coupent de la lumière de la grâce et ne provoquent leur condamnation re-

> doublée, accrue qu'elle sera par les ténèbres de l'impiété ; troisièmement, je soupçonne que l'apostasie attendue selon l'Apôtre pourrait bien commencer avec le mélange de ces gens avec les peuples pieux, mélange grâce auquel ils pourront semer sans éveiller de soupçons, chez les gens un peu simples, la semence mauvaise des scandales dirigés contre notre sainte foi. »

Maxime pense qu'il y a dans tout cela la preuve que les derniers temps s'approchent et que la politique de l'empereur Héraclius va être suivie en Occident. Indépendamment de cette politique byzantine, la grande Église a dû se conduire partout de manière semblable à l'égard des juifs, même si la méthode suivie n'était peut-être pas aussi brutale que celle des autorités de Carthage. Au VIe siècle, quelques évêques de la Gaule mérovingienne s'attachèrent à convertir les juifs en leur imposant un choix entre la conversion ou l'exil. Dans l'Espagne wisigothique, la question juive connut des situations diverses. Avec l'unification du royaume accomplie par Reccared à la fin du VIe siècle, la législation sur les juifs devint un sujet de première importance. D'abord, on établit qu'ils ne pouvaient pas avoir d'épouses, de concubines ou d'esclaves chrétiens. En 589, le concile de Tolède III n'avait dédié qu'un canon aux juifs, mais, à partir de 612, le roi Sisebut renforça les mesures législatives. Sisebut fut un roi religieux, zélé même, qui, par des textes légaux et précis, s'attacha à déterminer le statut des juifs dans la société. À Tolède, la capitale du royaume, la communauté juive était importante. Les communautés juives étaient principalement urbaines ; les textes de la section XII de la *Lex visigothorum* donnent à penser que les juifs étaient aisés, voire riches, puisqu'il est souvent question de leurs esclaves et serviteurs. Sisebut reconnaît que les lois établies par Reccared ont été bafouées, il veut donc les mettre en pratique de manière résolue[14]. Le principe général en est que c'est une « abomination » que les juifs puissent avoir de l'autorité sur des chrétiens ; ils ne devront posséder en aucun cas des serviteurs ou des esclaves. On les autorise à vendre leurs serviteurs chrétiens à des chrétiens pourvu que ces serviteurs ne soient pas transplantés hors de l'endroit où ils avaient leur résidence. Si l'on octroie la liberté aux serviteurs, il faut que leur liberté soit pleine et dénuée d'aucune forme de patronage de la part de leurs anciens maîtres juifs. Les serviteurs chrétiens qui ont été circoncis et pratiquent la religion juive doivent être punis. La loi de Sisebut encourage et récompense la délation des coupables. La confiscation des biens est décrétée pour le délit de deux pratiques de prosélytisme : la circoncision d'un chrétien et l'encouragement à la conversion au judaïsme ; on lit clairement que le prosélytisme expose à la peine de mort[15]. D'après la loi du roi Chindaswinte, elle sera aussi la punition du chrétien (des deux sexes) qui, « né de parents chrétiens », pratiquera la circoncision ou quelque autre rite juif[16]. Le juif converti obtenait la garantie de pouvoir conserver son patrimoine. Ceux qui étaient nés de couples mixtes devaient être baptisés mais, s'ils voulaient être juifs, on les réduisait à l'état servile.

Sisebut avait promulgué des lois plus strictes que celles en vigueur chez ses prédécesseurs et, comme Héraclius, avait imposé le baptême à tous les juifs du royaume. Isidore de Séville s'éleva contre cette décision, qu'il tenait pour *non secundum scientiam*. Plusieurs traditions médiévales ont gardé le souvenir des souffrances des juifs à cette époque. Au XVe siècle, Salomon ibn Verga rappelait encore comment les juifs, pleurant, s'étaient rassemblés dans le palais de Sisebut à Tolède pour plaider leur cause et comment le roi rejeta leurs arguments. L'ordre royal provoqua une émigration importante en terre franque. La conversion de ceux qui restèrent fut évidemment factice, ce qui à la longue créa un problème théologique : les faux convertis profanaient les sacrements du baptême et de l'eucharistie. La conviction générale était que le baptême forcé n'entraînait pas l'adhésion, que, bien au contraire, les juifs continuaient leurs pratiques secrètement, et cela fut la raison pour laquelle, le 5 décembre 633, au concile de Tolède IV auquel assistèrent soixante-cinq évêques présidés par Isidore de Séville, l'assemblée désavoua tout baptême forcé mais obligea ceux qui l'avaient reçu à rester dans l'Église[17].

Il est certain que la persécution des juifs entraînait parfois la décision autoritaire de forcer leur conversion, ce qui était doublement erroné parce que, en plus d'attenter à la liberté individuelle, on détruisait toute possibilité de dialogue avec le futur croyant. La réaction négative du faux converti n'était que prévisible. Dans son *Histoire des Francs*, Grégoire de Tours dit :

> « Le roi Chilpéric fit baptiser pendant cette année (582) beaucoup de juifs, dont il tira lui-même plusieurs de la sainte piscine. Quelques-uns d'entre eux toutefois, qui s'étaient purifiés de corps mais non de cœur, mentant à Dieu, retournèrent à leur erreur antérieure, si bien qu'on les vit à la fois observer le sabbat et honorer le dimanche » (VI, 17).

Toutefois, la conversion individuelle, même forcée, pouvait changer de signification quand elle relevait d'un acte personnel, intime, qui offrait des garanties de stabilité religieuse parce qu'elle était le résultat d'un raisonnement par lequel l'individu avait réussi à découvrir dans la tradition juive l'annonce de ses nouvelles croyances, le converti trouvant dans l'allégorie la preuve de sa vérité ; bien entendu, il s'agit d'une conversion en marge de l'enseignement presque officiel de l'Église, laquelle, au VIIe siècle, avait oublié l'Ancien Testament pour se consacrer à une définition avertie, et pointilleuse, de ses dogmes. Voici le témoignage, semble-t-il sincère, de quelqu'un (Jacob) « baptisé contre son gré sous le règne du très pieux empereur Héraclius et du gouvernement de l'éparque de Carthage Georges » :

> « [...] Je rends grâces de ce que l'on m'a baptisé et fait chrétien même contre mon gré. Depuis mon baptême, je n'ai cessé nuit et jour, dans les larmes, les gémissements et le jeûne, de compulser la Loi et les prophètes en langue grecque, en empruntant des livres de l'Église à des amis chrétiens d'un monastère de Carthage, et je cherchais si je n'avais pas été égaré en étant baptisé et en devenant chrétien. Et je découvrais que messire Moïse, ou plutôt le Saint-Esprit par l'intermédiaire de Moïse, faisait dire à notre père Jacob dans la bénédiction des enfants : "Juda, tes frères te loueront, tes mains seront sur la nuque de tes ennemis, les fils de ton père se prosterneront devant toi ; lionceau, mon fils, tu es issu d'une pousse de Juda." Et nous voyons que le Christ qui est venu est issu de Juda, vrai homme et vrai Dieu, le seul Christ[18]. »

Ce converti, dirait-on, est un exemple de judéo-christianisme et, pourtant, ce n'est pas sa religion qui est judéo-chrétienne mais sa façon de penser au Christ en se référant constamment à l'Ancien Testament. Pour Jacob le nouveau converti, le judaïsme est périmé : « Pourquoi voulons-nous judaïser, observer le sabbat et résister à Dieu ? » se demande-t-il. Le terme « judaïser » apparaît fréquemment dans le texte et toujours pour signifier qu'il ne faut pas judaïser puisqu'un nouvel ordre s'est installé dans le monde, mais cela n'empêche pas Jacob de citer tous les textes de l'Ancien Testament qui peuvent, à son avis, illustrer le christianisme ; c'est un engouement vétéro-testamentaire qui accompagne sa nouvelle foi mais qui ne l'enrichit pas du point de vue théologique. L'allégorie ne crée pas la connaissance, c'est seulement un pont qui unit deux rivages qui resteront toujours indépendants l'un de l'autre. L'élément qui peut faire du christianisme du converti une religion « judéo-chrétienne » est l'origine juive du chrétien et son acceptation de quelques pratiques juives qui relèvent de l'Ancien Testament, mais cela ne renforce pas la théologie chrétienne ; en fait, ces pratiques étaient considérées par les mêmes juifs convertis comme contraires à leur nouvelle foi. Voici un texte important du VIIe siècle, de l'Espagne wisigothique, contemporain donc de ceux cités ci-dessus. Dans la déclaration signée que les juifs de Tolède envoient au roi Receswinthe, ils disent :

> « Nous nous rappelons que dans le passé nous fûmes forcés (*compulsos fuisse*) à nous engager par un écrit fait au nom du roi Chintilla, de glorieuse mémoire, à conserver la foi catholique, ce que nous avions fait ; or notre perfide obstination et l'erreur atavique de nos pères nous gêna tellement (*ita detinuit*) que nous ne crûmes vraiment en Jésus-Christ ni gardâmes non plus sincèrement la foi catholique, et c'est pour cela que maintenant, de bon gré et avec plaisir, nous promettons à votre altesse par cet écrit, pour nous et aussi pour nos femmes et nos enfants, que désormais nous ne prendrons pas part aux pratiques et coutumes juives, que nous n'aurons aucun rapport avec les juifs qui ne soient pas baptisés ; que nous n'aurons pas de relations incestueuses ou sexuelles (*incestiva coniunctione vel fornicatione*) avec des gens de notre sang jusqu'au sixième degré ; nous ne nous marierons pas non plus avec les personnes de notre genre (*ex genere nostro*), ni nous, ni nos fils, ni notre descendance ; le mariage de l'un et de l'autre sexe sera dorénavant avec les chrétiens. Nous ne pratiquerons pas la circoncision et ne célébrerons pas la Pâque, le sabbat ou d'autres fêtes du rite juif. »

Après avoir confessé leur foi dans le Christ fils de Dieu « selon l'enseignement des Évangiles et de la tradition apostolique », et avoir promis de s'en tenir « sincèrement et sans arguments fallacieux » aux coutumes chrétiennes durant les jours de fête, dans les mariages et dans les repas, on lit à propos de la viande de porc :

> « Nous promettons que, quitte à ne pas la manger parce que nous ne pourrions aucunement le faire à cause de nos habitudes, néanmoins nous mangerons ce qui a été cuisiné avec elle sans être dégoûtés pour autant. »

Et ils concluent :

> « Si on nous trouve en faute en quelques-unes des dispositions prises ci-dessus, même si elles sont minimes, ou si nous osons faire quelque chose contraire à la foi chrétienne, ou nous nous acquittons de faire en paroles et en faits ce que nous avons promis, nous jurons par ce même Père, Fils et Saint-Esprit qui est Dieu un dans la Trinité, que si un de nous est trouvé en faute pour avoir transgressé tout cela ou même une chose, soit nous le brûlerons, soit nous le lapiderons. Si vous vouliez par votre miséricorde lui préserver la vie, qu'il perde sa liberté et que vous le donniez avec tout ce qu'il a à qui vous voudrez pour toujours, et que vous fassiez de lui et de ses affaires ce que vous voudrez non pas seulement parce que vous avez le pouvoir royal mais aussi pour que vous l'ayez librement par la garantie de ce document nôtre[19]. »

Ce texte est daté du 1er mars 654. Quelque trente ans plus tard, le roi Ervigio promulgua vingt-neuf lois qui confirmaient les lois précédentes et en ajouta de nouvelles, toutes concernant les juifs, convertis et non convertis. Elles sont précises et déterminent la conduite à suivre dans les rapports avec l'administration, les concitoyens et l'autorité ecclésiastique, surtout en cas de déplacement. Je n'y trouve pas une référence quelconque au commerce qui avait été l'objet de la législation adoptée par le roi Egiga et dans laquelle, concernant le commerce d'outre-mer (*ad cataplum pro transmarinis commerciis*), on faisait une distinction entre chrétiens et juifs convertis qui sont libres de s'y livrer, et juifs non convertis à qui on interdit cette pratique ; d'ailleurs, ce document témoigne d'une politique visant à isoler les juifs du reste de la population, le début d'un processus qui fera son chemin dans l'histoire de l'Europe.

Une société bouleversée

La conversion se produit au moment du baptême, ce qui entraîne des conséquences importantes ; pour le chrétien, en effet, le baptême est un rite qui sanctifie celui qui en est l'objet, c'est un sacrement d'institution divine qui, d'après l'enseignement officiel de l'Église, imprime dans l'âme un *caractère* ineffaçable, c'est pourquoi il ne peut pas être réitéré et, même administré de force, il est censé laver du péché originel la personne qui reçoit l'eau baptismale. On comprend que Maxime le Confesseur, et d'autres avec lui, aient pu penser qu'une personne baptisée mais qui n'est pas une vraie croyante met en danger son sort dans l'au-delà ; s'il s'agit d'un juif, Maxime pourra croire, suivant ses principes théologiques, que la condamnation sera redoublée, « accrue qu'elle sera par les ténèbres de l'impiété », car il n'aura pas accepté le message des prophètes concernant le Messie et en outre aura méprisé les chances de salut qu'on lui avait procurées en le baptisant. Le non-croyant baptisé n'aura pourtant ni remords de son impiété ni terreur du futur au-delà parce que pour lui le baptême est vide de signification. Cela explique que des marranes aient pu avoir une conduite que l'on pourrait qualifier de « décontractée » vis-à-vis de la société malgré les risques qu'ils couraient face aux autorités ecclésiastique et civile. Le fait que le baptême ait été en certaines occasions un rite imposé de force explique pourquoi on abandonnait facilement le christianisme lorsque les conditions sociales et politiques changeaient. Ou alors on le laissait *coexister* sans scrupules avec les croyances juives anciennes, ce qui incitait à une hypocrisie religieuse telle celle des marranes pendant le XVe et le XVIe siècle.

Une analyse du contexte culturel que l'expression « judéo-christianisme » semble évoquer oblige à examiner de près ce que les marranes ont dit ou fait quand les inquisiteurs du Saint-Office avaient des doutes sur la sincérité d'un converti. Nathan Wachtel a publié récemment des échanges entre inquisiteur et inculpé. Il s'agit d'une audience du 24 octobre 1596 conservée dans les archives du Mexique. À l'inculpée, Isabel Machado, qui avait été, paraît-il, initiée au crypto-judaïsme par son père, l'inquisiteur demande de quoi parlait son père avec les personnes qui lui rendaient visite. La fille répond : « des choses de Dieu » (ce qui suit souligne bien l'incompatibilité des deux religions, un fait dont les deux parties étaient conscientes) :

> « — Quelles étaient ces choses de Dieu dont parlaient votre père et ces personnes, étaient-elles de l'Ancien Testament ou du Nouveau ?
>
> — Elles étaient de l'Ancien Testament.
>
> — Comment savez-vous qu'elles étaient de l'Ancien Testament ?
>
> — Parce qu'elles traitaient des choses du Seigneur.
>
> — Comment savez-vous que traiter des choses du Seigneur, cela appartient plus à l'Ancien Testament qu'au Nouveau ? »

Aux origines du christianisme, Jésus est appelé « le Seigneur », mais bientôt le titre est appliqué à Dieu, surtout à Dieu Créateur ; l'acceptation ou non de Jésus-Christ pouvait donc relever de la différence entre le chrétien et le juif religieux. Quand l'inquisiteur demande à Isabel comment son père, mourant, a pu recevoir les sacrements de l'Église alors qu'il était juif et observait la loi de Moïse, elle répond :

> « Il les a demandés, je ne sais comment, mais il était converti à notre Sainte Foi catholique quand il a reçu les sacrements. Il tenait un christ et se recommandait à lui en pleurant. Mais si en son cœur il ressentait autre chose, je ne sais[20]. »

C'est une remarque très honnête. Dans son étude de *La Célestine* de Fernando de Rojas, Yirmiyahu Yovel a mis en évidence comment les marranes espagnols ont appris à développer des stratégies leur permettant d'éviter ou d'atténuer le péché d'« idolâtrie » qu'ils pensaient commettre par suite de leur *acceptation* du culte catholique. Certains prononçaient en silence des formules d'annulation ou murmuraient des réserves en pénétrant dans l'église. Mais l'hypocrisie se doit d'être modérée pour être efficace. Un excès de piété suscite la méfiance, d'où cette remarque de Sempronio à son maître Calixte dans une scène que de Rojas situe dans l'église :

> « Pense, seigneur, que rester si longtemps, c'est donner à parler aux gens. Évite, par Dieu, de faire marcher les langues, car le très dévot, on l'appelle hypocrite. »

Ou celle-ci .

> « La passion qui t'habite, souffre-la chez toi, et que personne ne le sache. Ne découvre pas ta peine aux étrangers car le tambourin est entre les mains de qui en saura jouer. »

Yovel a raison de dire que le texte de Fernando de Rojas fait référence, au travers d'un écran d'équivoques et de métaphores, à l'Inquisition et à ses autodafés[21]. Les conversions pourtant ont dû être parfois assumées avec une certaine bonhomie. Spinoza rapporte que :

> « Lorsque le roi d'Espagne força les juifs à adopter la religion du royaume ou à partir en exil [c'est le décret de l'Alhambra du 31 mars 1492 signé par Ferdinand d'Aragon et Isabelle de Castille], la plupart des juifs adoptèrent la religion catholique. Mais, comme à ceux qui s'étaient convertis on concéda tous les privilèges des Espagnols d'origine et qu'ils furent jugés dignes de tous les honneurs, ils se mêlèrent aussitôt aux Espagnols, de sorte que peu

après il ne restait d'eux aucune trace ni aucune mémoire. Tout le contraire arriva à ceux que le roi de Portugal força d'adopter la religion de son État : même convertis à cette religion, ils vécurent toujours séparés des autres, parce qu'on les avait déclarés indignes de tous les honneurs[22]. »

Balthasar Orobio de Castro, vers 1660, juge ainsi l'assimilation :

> « En Espagne, ceux qui ont quitté le judaïsme, ainsi que leur postérité, vivent une vie en sécurité et non pas remplie de peines comme Israël. Ils sont princes, ducs, comtes, marquis, inquisiteurs, clercs, canonistes, moines et moniales — et tous de durs persécuteurs des juifs. »

Orobio donne comme exemple Paul de Burgos, d'abord rabbin célèbre puis évêque, archevêque et régent du royaume ; parmi ses fils, l'un fut évêque, deux autres archevêques, et l'aîné prince sous le nom de marquis de Santa Maria[23]. Orobio, un ancien marrane, n'accepta pourtant pas l'assimilation ; il écrit : « En Espagne, j'ai feint être chrétien parce que la vie y est aimable ; mais je ne l'ai jamais bien feint, de sorte que l'on découvrit que je n'étais que juif[24]. »

Le résultat de l'assimilation dont font état Spinoza et Orobio semble avoir été sincère, l'ancien attachement au judaïsme disparaissant progressivement chez le converti jusqu'au point qu'il ne pouvait plus être accusé d'être judaïsant. Ces textes ne suggèrent pas un compromis ne serait-ce qu'occasionnel entre les deux religions, bien au contraire, la remarque finale d'Orobio : « et tous de durs persécuteurs des juifs », en dit long sur l'esprit résolu, peut-être même agressif de certains convertis. Toutefois, à l'époque où l'Inquisition en Espagne et au Portugal contrôlait de près mœurs, conduites et même pensées, les sentiments religieux des marranes ont dû être souvent instables, et le départ vers des terres où l'on pouvait « jouir de la liberté d'être vraiment juif » devenait attrayant. La place des marranes dans la société et leur comportement religieux aident à distinguer entre judéo-chrétien et judéo-christianisme. Le chrétien qui, dans le livre de Juda Hallévi (1075-1141), *Le Kuzari*, explique sa religion au roi des Khazars dit : « Nous ne sommes pas les descendants d'Israël, mais nous méritons plus qu'eux d'être appelés enfants d'Israël pour avoir suivi le Messie et ses douze compagnons israélites, qui prirent le rang des douze tribus[25]. » Si « judéo-chrétien » est une réalité historique indéniable, manifestation concrète des sentiments de l'individu, la notion de judéo-christianisme en revanche s'avère privée de sens, judaïsme et christianisme étant deux religions qui s'excluent mutuellement.

Orobio de Castro était un philosophe et un médecin avec une expérience académique notable à l'université d'Alcalá de Henares ; il fut condamné par l'Inquisition et mis en prison à Séville, avant de gagner Toulouse ; au début des années 1660, on le trouve à Amsterdam, où il fut circoncis et changea son nom de Balthasar en Isaac. Orobio semble avoir été un théologien d'une grande acuité d'esprit ; on connaît la dispute qui eut lieu entre lui et Philippe van Limborch (1633-1712) en 1684 et à laquelle participèrent le calviniste Jean Le Clerc et John Locke, tous les deux exilés, l'un à Genève, l'autre en Angleterre. Une année plus tard, Locke demanda à van Limborch, avant qu'il ne publiât la dispute, un peu plus de temps pour réfléchir à ses écrits et à ceux d'Orobio. Quand, en 1687, Locke reçut le texte publié, il se montra convaincu qu'ils avaient « vaincu le juif ». Le dialogue entre ces savants, tous rompus à l'étude des questions théologiques, ne fut pas semblable à d'autres discussions entre juifs et chrétiens, car van Limborch, Locke et Le Clerc étaient des rationalistes ; à leurs yeux, une lecture de l'Ancien Testament envisagé comme l'annonce et la figure de ce qu'apportait le Nouveau Testament était dépourvue de valeur, seule la raison pouvant prouver la supériorité religieuse et morale du christianisme, une prééminence dont les miracles du Christ témoignaient d'après eux amplement. Orobio, à son tour, contestait la validité des miracles parce que le texte de l'Évangile est écrit en grec, une langue que ne connaissaient ni le Christ ni les disciples, qui étaient des hommes ignorants et de pauvre condition[26]. Orobio a bien décrit la communauté marrane d'Amsterdam que venaient rejoindre deux groupes de « nouveaux juifs » : ceux qui retournaient à la foi de leurs ancêtres, prêts à observer la Loi, et les autres, ceux qui venaient au judaïsme :

> « [...] après avoir étudié en Idolâtrie (entendre : dans la péninsule Ibérique) des sciences profanes telles que la logique, la physique, la métaphysique et la médecine. Ceux-là n'arrivaient pas moins ignorants que les premiers de la Loi de Dieu, mais plus remplis de vanité, d'orgueil et de superbe, persuadés de leur science en toutes matières et de tout savoir ; et bien qu'ignorants de l'essentiel ils croient tout savoir. Ils entrent sous le bienheureux joug du judaïsme, commencent à entendre ceux qui savent leur dire ce qu'ils ignorent, et leur vanité et leur orgueil leur interdisent de recevoir la doctrine qui les fera sortir de l'ignorance ; ils croient déchoir dans l'estime des doctes en se laissant enseigner par ceux qui le sont véritablement en matière de Loi Sacrée ; ils affectent grande science en contredisant ce qu'ils ne comprennent pas. »

Dans ce milieu visé par Orobio est née, comme l'explique Yovel, l'hérésie des nouveaux juifs parmi lesquels se comptaient ceux qui rejetaient l'Écriture mais croyaient en une Cause Première, d'autres qui croyaient en Dieu et en l'Écriture mais dédaignaient la Loi orale, et ceux, enfin, qui croyaient en la Loi écrite et en la Loi orale mais rejetaient l'enseignement des rabbins[27].

L'antagonisme entre chrétiens et juifs était, à l'origine, fondé sur des différences religieuses, plus précisément sur la manière de comprendre l'Ancien Testament ; on pouvait parler alors d'un antijudaïsme. Les lois des Wisigoths blâment les juifs pour leur incroyance ; il n'y est jamais question d'eux comme de personnes, il n'est aucunement question de race. Plus tard, l'hostilité à l'égard des juifs prendra une nouvelle dimension, et le terme « perfide » leur sera appliqué, par exemple, dans la liturgie de la semaine sainte où, parmi les prières solennelles, prendra place une destinée à la conversion des « perfides juifs ». Dans la lettre (XI) que Dante écrit aux cardinaux italiens réunis en conclave à Carpentras en 1314 pour leur demander de ramener la papauté d'Avignon à Rome, il dit que « c'est une souffrance comparable à celle causée par une plaie douloureuse que de voir les fauteurs d'hérésie et d'impiété, juifs, sarrasins et païens, se moquer de nos sabbats et s'écrier :

“Leur Dieu, où est-il ?” ». On pense aussi au *Paradis*, V, 79-81, où le poète dit : « Quoi que puissent crier vos convoitises, soyez des hommes, non des brebis folles, pour que le juif parmi vous ne vous raille[28]. » L’opposition des chrétiens aux juifs devient une haine qui donnera naissance à un véritable antisémitisme. On notera que quand Sancho Pança, dans la deuxième partie du *Don Quichotte*, au chapitre VIII, fait une description spontanée et simple de sa religion, il dit qu’il croit en Dieu et accepte « tout ce qu’a et croit l’Église catholique romaine et l’être ennemi mortel des juifs ». J’ajouterai que dans ce volumineux roman de Cervantès où les références à la culture classique abondent, il n’y a de l’Ancien Testament que la mention « des douze tribus d’Israël et des sept frères Maccabées », faite ensemble et d’une seule volée, à la manière de Sancho Pança, avec la mention des membres de la police civile et de Castor et Pollux (I, chapitre XXIII). On ne peut pas prendre à la légère ce commentaire ; il est plus éloquent dans la bouche de Sancho qu’il aurait pu l’être dans celle de son maître.

N’est pas ici hors de propos le texte que Montesquieu conçoit comme la « Très humble remontrance » que les juifs auraient pu adresser aux inquisiteurs d’Espagne et de Portugal. Il apparaît dans le livre XXV, chapitre XIII, de *De l'esprit des lois.* Le texte lui fut inspiré par l'autodafé qui eut lieu à Lisbonne en 1745 et dans lequel fut brûlée une juive de dix-huit ans. Un long extrait de ce texte mérite d'être cité, tant il s'insère dans la problématique que soulevaient alors, et que soulèvent encore aujourd'hui, les rapports entre judaïsme et christianisme (ou faut-il dire entre juifs et non-juifs ?). Voici ce que Montesquieu fait dire aux juifs :

> « Vous vous plaignez, dit-il aux inquisiteurs, de ce que l'empereur du Japon fait brûler à petit feu tous les chrétiens qui sont dans ses États ; mais il vous répondra : Nous vous traitons, vous qui ne croyez pas comme nous, comme vous traitez vous-mêmes ceux qui ne croient pas comme vous : vous ne pouvez pas vous plaindre que de votre faiblesse, qui vous empêche de nous exterminer, et qui fait que nous vous exterminons.
>
> Mais il faut avouer que vous êtes bien plus cruels que cet empereur. Vous nous faites mourir, nous qui ne croyons que ce que vous croyez, parce que nous ne croyons pas *tout* ce que vous croyez. Nous suivons une religion que vous savez vous-mêmes avoir été autrefois chérie de Dieu : nous pensons que Dieu l'aime encore, et vous pensez qu'il ne l'aime plus : et, parce que vous jugez ainsi, vous faites passer par le fer et par le feu ceux qui sont dans cette erreur si pardonnable, de croire que Dieu aime encore ce qu'il a aimé.

Si vous êtes cruels à notre égard, vous l'êtes bien plus à l'égard de nos enfants ; vous les faites brûler, parce qu'ils suivent les inspirations que leur ont données ceux que la loi naturelle et les lois de tous les peuples leur apprennent à respecter comme des dieux[29].

Vous vous privez de l'avantage que vous a donné sur les mahométans la manière dont leur religion s'est établie. Quand ils se vantent du nombre de leurs fidèles, vous leur dites que la force les leur a acquis, et qu'ils ont étendu leur religion par le feu : pourquoi donc établissez-vous la vôtre par le feu ?

Quand vous voulez nous faire venir à vous, nous vous objectons une source dont vous vous faites gloire de descendre. Vous nous répondez que votre religion est nouvelle, mais qu'elle est divine ; et vous le prouvez parce qu'elle s'est accrue par la persécution des païens et par le sang de vos martyrs : mais aujourd'hui vous prenez le rôle des Dioclétiens, et vous nous faites prendre le vôtre.

Nous vous conjurons, non pas par le Dieu puissant que nous servons vous et nous, mais par le Christ que vous nous dites avoir pris la condition humaine pour vous proposer des exemples que vous puissiez suivre ; nous vous conjurons d'agir avec nous comme il agirait lui-même s'il était encore sur la terre. Vous voulez que nous soyons chrétiens, et vous ne voulez pas l'être.

Si le ciel vous a assez aimés pour vous faire voir la vérité, il vous a fait une grande grâce : mais est-ce aux enfants qui ont l'héritage de leur père de haïr ceux qui ne l'ont pas eu ? Que si vous avez cette vérité, ne nous la cachez pas par la manière dont vous nous la proposez. Le caractère de la vérité, c'est son triomphe sur les cœurs et les esprits, et non pas cette impuissance que vous avouez, lorsque vous voulez la faire recevoir par des supplices.

Si vous êtes raisonnables, vous ne devez pas nous faire mourir parce que nous ne voulons pas vous tromper. Si votre Christ est le fils de Dieu, nous espérons qu'il nous récompensera de n'avoir pas voulu profaner ses mystères : et nous croyons que le Dieu que nous servons vous et nous ne nous punira pas de ce que nous avons souffert la mort pour une religion qu'il nous a autrefois donnée, parce que nous croyons qu'il nous l'a encore donnée.

Vous vivez dans un siècle où la lumière naturelle est plus vive qu'elle n'a jamais été, où la philosophie a éclairé les esprits, où la morale de votre Évangile a été plus connue, où les droits respectifs des hommes les uns sur les autres, l'empire qu'une conscience a sur une autre conscience, sont mieux établis. Si donc vous ne revenez pas de vos anciens préjugés, qui, si vous n'y prenez garde, sont vos passions, il faut avouer que vous êtes incorrigibles, incapables de toute lumière et de toute instruction ; et une nation est bien malheureuse, qui donne de l'autorité à des hommes tels que vous.

Voulez-vous que nous vous disions naïvement notre pensée ? Vous nous regardez plutôt comme vos ennemis que comme les ennemis de votre religion : car, si vous aimiez votre religion, vous ne la laisseriez pas corrompre par une ignorance grossière.

Il faut que nous vous avertissions d'une chose ; c'est que, si quelqu'un dans la postérité ose jamais dire que dans le siècle où nous vivons les peuples d'Europe étaient policés, on vous citera pour prouver qu'ils étaient barbares ; et l'idée que l'on aura de vous sera telle qu'elle flétrira votre siècle, et portera la haine sur tous vos contemporains. »

Après la lecture de ce texte remarquable, on peut dire ce que Montesquieu lui-même met à titre d'exergue du chapitre : « Quand il s'agit de prouver des choses si claires, on est sûr de ne pas convaincre. » Les supposées paroles du pieux juif ont une logique sans faille, et, malgré les perquisitions de l'Inquisition et les pogroms, le judaïsme attirait comme le montrent les documents de la geniza du Caire étudiés par Shelomo Dov Goitein (1900-1985).

Conversions au judaïsme

Une geniza est un lieu où l'on déposait à l'origine les livres religieux qu'on ne pouvait plus utiliser ; plus tard, on y conserva aussi des ouvrages ou des documents religieux de tout ordre. Le dépôt de la geniza égyptienne découverte en 1890 contenait des documents à partir du XIe siècle sans interruption jusqu'à la date de mise au jour. Toute une documentation concernant des familles juives, musulmanes et chrétiennes de plusieurs siècles, habitant principalement le bassin méditerranéen, apparaît dans les cinq volumes qui composent l'œuvre de Goitein[30]. Ses recherches ont commencé dans les années 1960 et se sont continuées quasiment jusqu'à sa mort en 1985. La population dont font état ces documents est surtout urbaine ; connexions et liaisons de famille ou de commerce mènent le lecteur de Samarkand à Séville en passant par Venise, Pise, Gênes, Narbonne et Marseille. Le fait que la geniza découverte ait été celle d'une synagogue conditionne d'une certaine manière la recherche puisqu'une grande quantité de documents concerne la vie des juifs en Méditerranée, mais cela permet en même temps de découvrir les liens qui les unissaient aux familles chrétiennes et musulmanes.

Le rapport entre les trois religions se révèle instructif. La question des conversions d'une foi à l'autre se pose ici de manière frappante. Goitein remarque : « Le témoignage massif et fiable des documents de la geniza prouve que les rapports entre musulmans, chrétiens et juifs étaient très étroits, à un degré très supérieur à ce qu'on aurait pu conclure des documents littéraires. » Un exemple : les sources littéraires font référence à l'obligation des juifs et des chrétiens de porter une ceinture ou un chapeau qui pourrait les distinguer comme étant non musulmans. Or Goitein souligne clairement que dans aucun document concernant les vêtements et décrivant leurs couleurs, les étoffes ou des objets d'emploi courant, il n'a trouvé une référence quelconque aux signes distinctifs qu'il aurait fallu porter en tant que non-musulman. Qui plus est, il mentionne des situations au tribunal où les témoins ont tenu à déclarer leur confusion à l'égard de la religion des personnes inculpées, preuve évidente que leurs croyances n'étaient pas manifestées par des signes extérieurs. Dans une société à ce point mêlée, les conversions ne pouvaient pas ne pas exister : elles se produisaient dans tous les sens, affirme Goitein ; néanmoins, la plus fréquente était celle des chrétiens au judaïsme ; d'ailleurs Maimonide (né à Cordoue en 1138 et mort en Égypte en 1204) encourage dans ses lettres l'activité missionnaire chez les chrétiens et non pas chez les musulmans, et cela pour des raisons purement théologiques puisque les chrétiens, dit-il, acceptaient déjà l'autorité de l'Ancien Testament. Les conversions forcées sont interdites en Islam, qui réserve une place aux non-musulmans, auxquels on laisse la liberté de pratiquer leur religion. Toutefois, remarque Goitein, la conversion du christianisme au judaïsme, ou le contraire, était interdite par la loi islamique.

L'un des documents les plus frappants de la geniza est celui qui fournit des renseignements autobiographiques d'un ecclésiastique, Johannes Obadiah, né en Lucanie à la fin du XIe siècle, fils d'un aristocrate, qui décrit en hébreu comment il s'est converti au judaïsme, les difficultés qu'il rencontra dans son pays et ses voyages à travers les différentes communautés juives de l'islam. La conversion d'Obadiah, conséquence sans doute d'une crise spirituelle, se produisit à la suite, paraît-il, de la conversion au judaïsme de Titus Andreas, l'archevêque de Bari, l'un des plus importants centres du judaïsme en Apulie. Un autre document mentionne la conversion d'un ecclésiastique qui parvint même à se circoncire et à observer les sabbats et les fêtes juives selon le rituel de la Torah[31].

Ces conversions ne furent peut-être pas des événements isolés ; elles devaient s'expliquer par des circonstances précises qui bien entendu nous sont inconnues ; elles nous aident tout de même à mieux comprendre le problème de la Diaspora juive en Méditerranée. Toutefois, au siècle des Lumières, Moïse Mendelssohn (1729-1786), figure prééminente du judaïsme moderne sur laquelle nous reviendrons au dernier chapitre, expliqua à ceux qui voulaient le convertir au christianisme que la conversion comportait un assentiment sincère et courageux, réflexion en somme qui recoupe en partie celles de Maxime le Confesseur. Voici le texte de Mendelssohn :

> « Nos rabbins sont si loin de tout prosélytisme qu'ils nous prescrivent même de décourager par de sérieux contre-arguments celui qui se présente de lui-même. On doit lui donner à penser que, par ce pas, il se charge sans raison d'un poids très lourd, que, pour être bienheureux, il lui suffit, dans son état actuel, d'observer seulement les devoirs noachiques (et que) dès qu'il accepte la religion des israélites, il se soumet librement à toutes les lois rigides de cette foi, et comme tel il doit les respecter ou bien s'attendre aux punitions que le législateur a liées à leur transgression. Enfin, nous devons aussi lui présenter fidèlement la misère, l'oppression et le mépris dans lequel notre nation vit aujourd'hui, pour le retenir d'un pas qu'il pourrait ensuite regretter. La religion de mes pères veut ainsi ne pas être étendue. Nous ne devons pas envoyer des missions vers les deux Indes, ni vers le Groenland, pour prêcher notre religion à ces peuples lointains [...]. Celui qui n'est pas né selon notre Loi ne doit pas vivre selon notre Loi. Nous seuls nous sommes obligés d'observer ces lois et cela ne doit porter aucun préjudice à notre prochain [...]. Si parmi mes contemporains vivaient Confucius ou Solon, je pourrais — selon les principes de ma religion — aimer et admirer le grand homme sans

avoir l'idée ridicule de vouloir convertir Confucius ou Solon[32]. »

La coexistence de judaïsme et christianisme est une réalité historique de tout l'Occident européen depuis les premiers siècles de notre ère. Or on est prêt à expliquer la naissance et le développement du christianisme dans le bassin méditerranéen mais on oublie toujours de faire place dans ce monde religieux au judaïsme. En effet, quand on parle des juifs dans ce même milieu géographique, on a tendance à les considérer comme les descendants des centaines de prisonniers envoyés à Rome par Pompée ou de ceux qui durent quitter la Palestine, d'abord après les guerres de Vespasien et de Titus, puis à cause des révoltes aux époques de Trajan et d'Hadrien, sans tenir aucun compte de l'œuvre missionnaire que les juifs avaient réalisée hors de la Palestine. À l'époque hellénistique avait déjà commencé une migration juive ou, plutôt, syro-palestinienne vers les villes de la Méditerranée ; des personnes qui voulaient fuir une région toujours le théâtre de guerres ininterrompues entre Séleucides et Ptolémées. De ces hommes et de ces femmes sémites qui partirent vers l'ouest nous ne connaissons que les noms de quelques hommes de lettres ou d'artistes qui quittèrent jeunes leurs villes natales pour aller s'établir dans des centres méditerranéens jouissant d'un rayonnement culturel incontesté. Les juifs étaient nombreux à Antioche et à Alexandrie, mais ils gagnèrent aussi d'autres villes de la Méditerranée, où leur furent donnés des droits spécifiques. En 139 avant notre ère, « le consul Lucius » avait envoyé cette lettre à Ptolémée VII :

> « Les ambassadeurs des Juifs sont venus chez nous en amis et en alliés pour renouveler l'amitié et l'alliance de jadis, envoyés par le grand prêtre Simon et le peuple des Juifs. Ils ont apporté un bouclier d'or de mille mines. Il nous a plu en conséquence d'écrire aux rois et aux pays de ne pas leur chercher noise, de ne pas leur faire la guerre, ni à leurs villes ni à leur pays, et de ne pas s'allier à ceux qui les attaqueraient. Nous avons décrété de recevoir le bouclier de leur part, etc. »

La même lettre, dit le texte, fut adressée au roi d'Égypte, mais aussi à d'autres rois. Parmi les pays mentionnés, on lit les noms de Sparte, Délos, la Carie, Samos, la Pamphylie, la Lycie, Halicarnasse, Rhodes, Cnide, Chypre, Cyrène. Ce renseignement nous est donné dans le premier livre des Maccabées (15,16-24). Si l'authenticité du document reste douteuse, la position favorable de Rome à l'égard des juifs est un fait acquis[33]. D'autre part, l'auteur des Actes des Apôtres, en décrivant le jour de la Pentecôte le premier jour de l'Église naissante, a en effet voulu montrer Jérusalem peuplée de juifs et de prosélytes venus « de toutes les nations qui sont sous le ciel : Parthes, Mèdes et Élamites, habitants de Mésopotamie, de Judée et de Cappadoce, du Pont et d'Asie, de Phrygie et de Pamphylie, d'Égypte et de cette partie de la Libye qui est proche de Cyrène, Romains, juifs et prosélytes, Crétois et Arabes » (2, 5-11). S'il est vrai qu'en Mésopotamie et en Babylonie vivaient des descendants des tribus déportées par les Assyriens et les Babyloniens aux VIIe et VIe siècles avant notre ère et que de nombreux juifs qui habitaient l'Égypte à l'époque romaine étaient issus des familles judéennes arrivées dans le pays après la prise de Jérusalem par Nabuchodonosor, on n'oubliera pas que le judaïsme en Asie occidentale était connu de longue date. Les juifs au VIIIe siècle avant notre ère étaient cernés au nord comme au sud par de grands empires — Hittites, Assyriens, Babyloniens, Araméens, Égyptiens — et à aucun moment ils n'ont pu jouir d'une souveraineté politique totale. Le verset du prophète Ézéchiel sur Jérusalem résume bien cet état de choses : « Par ton origine et par ta naissance, tu es du pays de Canaan. Ton père était amorite et ta mère hittite. » Les juifs partagèrent toujours le pays avec les Cananéens, les Syriens, les Édomites, les Moabites, les Grecs ; leur coexistence avec des populations non juives et leur mobilité expliquent la diffusion de leurs mœurs et croyances dans le monde alors connu. Au Ier siècle, la Sibylle pouvait dire à juste titre que les juifs étaient dans toutes les terres et sur toutes les mers. Or la population de Juda à l'époque des Maccabées, c'est-à-dire au IIe siècle avant notre ère, n'était pas nombreuse, elle dépassait à peine les frontières de la province ; comment donc expliquer cette présence nombreuse de juifs en dehors de Juda ? Les historiens du judaïsme ont raison de penser à une activité missionnaire, incessante, de rabbins et de chefs de communauté[34]. Auteurs classiques et chrétiens des premiers siècles font état de cette volonté soutenue de convertir, d'associer d'une manière ou d'une autre les habitants des grandes villes méditerranéennes. Un écho de la propagande juive si active dans le monde gréco-romain nous est apporté dans le texte de Matthieu (23, 15) : « Malheur à vous, scribes et Pharisiens hypocrites, qui parcourez mers et continents pour gagner un prosélyte. » Mommsen a dit très justement que le monde grec resta toujours le quartier général des juifs. À Rome, les épitaphes des juifs sont grecques et les actes de baptême de la secte des chrétiens issue de la société juive étaient également rédigés en grec. Les colonies juives établies dans les différentes cités, grâce aux privilèges locaux qu'elles obtinrent, purent former des associations corporatives dirigées par des ethnarques. Lors de l'expansion triomphale du christianisme, le judaïsme put prendre ses distances avec la nouvelle religion gréco-latine et approfondir davantage ses propres valeurs spirituelles.

4

L'OCCIDENT CHRÉTIEN

Dans une Europe chrétienne où peintres et sculpteurs ont représenté pendant des siècles les épisodes décrits dans les quatre Évangiles, on peut comprendre que quiconque, en voyant les scènes de la vie et de la mort de Jésus de Nazareth, ait facilement incriminé les juifs, tous les juifs de Palestine, dans la mort non pas du juif Jésus mais du fils de Dieu ; les juifs devenaient ainsi un peuple déicide. Toutefois, il fallait également mettre en lumière, sans le dire clairement, que cette mort avait été nécessaire pour laver le péché commis par Adam et Ève. Dante le dit à sa manière dans le *Paradis* (VII, 47) : « Un seul acte eut ainsi divers effets : / la même mort plut à Dieu et aux juifs ; / si la terre en trembla, les cieux s'ouvrirent. » Sur les façades et les retables des églises d'Europe, les artistes ont traité le thème de la création du premier couple, en soulignant toujours la scène qui les représente au paradis mangeant le fruit de l'arbre interdit. Il ne s'agit pas d'une allégorie ; ici, nous sommes confrontés à une notion théologique — la Rédemption — que les artistes ont parfois matérialisée de manière très réussie. Tout le Nouveau Testament qui raconte l'histoire et la passion du Christ Sauveur acquiert ainsi sur les façades et les retables, devant chrétiens et non-chrétiens, sa raison d'être. Quant aux quelques thèmes de l'Ancien Testament utilisés par écrivains, sculpteurs, graveurs, peintres ou musiciens tout au long de l'histoire de l'Europe, on dira qu'ils relèvent d'une condition autre, voire artificielle, puisqu'elle nous mène vers l'allégorie. La figure d'Abraham, personnage fondamental de l'histoire des Hébreux, est dominée par l'appel de Dieu qui le mène d'Our, au sud de la Mésopotamie, vers le pays de Canaan. Fénelon, dans ses *Opuscules spirituels* (XLVII), fera de ce voyage du patriarche une source de réflexions sur le mysticisme. De l'épisode qui décrit les angoisses d'Abraham face à l'ordre de sacrifier son fils Isaac, historiens des religions et psychologues feront le symbole d'une profonde expérience religieuse qui au-delà de l'absurde confronte l'individu au mystère de l'existence. De Jacob face à son frère Ésaü, et de sa primogéniture, de ses rêves, de son séjour en Égypte près de son fils Joseph, la littérature (Thomas Mann) et la peinture (Delacroix) ont pu faire un sujet de contemplation, comme l'a été Moïse, le chef et le législateur, dont la statue de Michel-Ange a nourri le récit biblique autant que l'imagination populaire. Il y a dans l'histoire de l'Europe toutes sortes de représentations de David sans oublier celle de Voltaire qui se scandalisait de voir « l'oint du Seigneur » devenu bandit de grands chemins et adultère. Des figures plus attachantes comme Esther ou Daniel ont aussi animé le monde culturel chrétien. Aucun de ces personnages ne saura enrichir la vie religieuse, moins encore la théologie. Voici comment Montesquieu considère la religion juive dans une lettre (*Lettres persanes*, LX) de 1714 :

> « La religion juive est un vieux tronc qui a produit deux branches qui ont couvert toute la terre, je veux dire le mahométisme et le christianisme ; ou plutôt c'est une mère qui a engendré deux filles qui l'ont accablée de mille plaies ; car, en fait de religion, les plus proches sont les plus grandes ennemies. Mais, quelques mauvais traitements qu'elle en ait reçus, elle ne laisse pas de se glorifier de les avoir mises au monde ; elle se sert de l'une et de l'autre pour embrasser le monde entier, tandis que d'un autre côté sa vieillesse vénérable embrasse tous les temps.
>
> Les juifs se regardent donc comme la source de toute sainteté, et l'origine de toute religion ; ils nous regardent au contraire comme des hérétiques qui ont changé la loi, ou plutôt comme des juifs rebelles.

> Si le changement s'était fait insensiblement, ils croient qu'ils auraient été facilement séduits ; mais comme il s'est fait tout à coup et d'une manière violente, comme ils peuvent marquer le jour et l'heure de l'une et de l'autre naissance, ils se scandalisent de trouver en nous des âges, et se tiennent fermes à une religion que le monde même n'a pas précédée. »

Montesquieu souligne ici l'importance de la religion juive : elle est si ancienne qu'elle a précédé le monde ; pourquoi donc la changer ? Montesquieu fait, bien entendu, une lecture littérale de la Genèse : Adam et Ève avaient eu un rapport avec leur Créateur qui continua même une fois qu'ils eurent été bannis du paradis, et ce fut alors que leurs descendants devinrent bergers, commencèrent à cultiver la terre, créèrent des villes, inventèrent les arts. Le monde avait bien suivi la naissance de la religion juive. Mais cette religion avait subi des changements, comme Spinoza l'avait expliqué. N'oublions pas ce texte du *Traité théologico-politique* écrit en 1670 ; c'est une affirmation riche de conséquences pour comprendre l'histoire des Hébreux : « La nature ne crée pas de nations : elle crée des individus qui ne se distinguent en nations que par la différence des langues, des lois et des mœurs reçues ; seules ces deux dernières, les lois et les mœurs, peuvent faire que chaque nation ait une complexion particulière, une situation particulière et enfin des préjugés particuliers[1]. » De ces préjugés naît la religion, et on peut se demander si elle apporte une contribution valable au savoir. L'unique contribution de la religion semble appartenir à l'histoire de la moralité. La philosophie cognitive, comme remarque Yovel suivant la pensée de Kant, n'emprunte aucun contenu valide à la religion. Or celle-ci consiste essentiellement pour Spinoza dans une constitution étatique. L'ancienneté de la religion juive dont parle Montesquieu ne saurait pas garantir sa survie, si l'on s'en tient à la pensée de Spinoza. « L'ancien État juif, on le sait, fut en proie à des incessantes luttes visant à en faire une théocratie, luttes qui ne connurent jamais de véritable conclusion. » L'État juif ne peut pas avoir une place en diaspora, dit Spinoza, parce que cet État n'existe plus ; avec sa destruction, l'État créé est imaginaire ; il s'incarne dans une série de lois et c'est dans ce cumul de lois et d'habitudes que le juif trouvera sa patrie. Du point de vue de Spinoza, commente Yovel, « il y a quelque chose de tout à fait incongru et absurde à ce que les lois de la religion, prévues pour donner une constitution à tel État théocratique bien précis, ne voient leur succès s'accroître dans le gouvernement du monde réel qu'*après* l'annihilation dudit État : les pharisiens n'ont alors guère de mal, en effet, à prescrire la forme de l'histoire juive à venir.

Mais, en un tel cas, l'influence acquise par les lois théocratiques est absurde : en l'absence d'État, un substitut ectoplasmique né de l'imagination, nourri de piété et haï des autres nations s'est fait jour, "patrie" fantôme que les juifs emportent désormais avec eux dans tous leurs exils. Et les juifs continuent de se considérer non seulement comme constituant une nation distincte, mais également comme régis par un régime spécifique, aussi bizarre et incongru qu'il se manifeste dans les faits » [2]. L'intérêt de Spinoza, bien entendu, s'exerce principalement sur le présent, notamment en analysant l'existence des juifs en exil, une analyse qui de surcroît lui permet de se projeter dans le passé de son peuple.

Il me paraît très instructif de comparer à ce point Spinoza et Moïse Mendelssohn, l'auteur du long texte que l'on vient de lire dans le chapitre précédent ; l'un et l'autre philosophes reflètent amplement dans leurs écrits leur milieu culturel, mais Spinoza, un marrane, à cause des persécutions de l'Inquisition, se trouvait confronté davantage à l'incroyable survie du peuple juif, un sujet de perplexité pour les juifs comme pour les chrétiens. Les uns se tiennent pour le peuple élu en attente de rédemption, les autres soutiennent que Dieu a rejeté les juifs parce qu'ils ont refusé Jésus. Spinoza cherche l'explication socio-psychologique de la survie des juifs, comme dit Yovel, dans la haine que les gentils leur ont vouée et dans la force de leur foi religieuse. Voici le texte de Spinoza, chapitre III (12) du *Traité théologico-politique* :

> « Les juifs ne détiennent aucun privilège qu'ils puissent s'attribuer au-dessus des autres nations. Qu'ils aient subsisté tant d'années et sans État, cela n'a rien d'étonnant, après qu'ils se sont séparés de toutes les autres nations de façon à attirer la haine de tous contre eux, et cela non seulement par des rites extérieurs opposés aux rites de toutes les autres nations, mais encore par le signe de la circoncision qu'ils conservent avec le soin le plus religieux. »

On reviendra plus tard sur cette situation exceptionnelle des juifs en tant que peuple quand on abordera les textes de Rosenzweig. Il faut tout de même ajouter à ce texte de Spinoza, que l'on pourrait qualifier au premier abord de simpliste, les sages réflexions qui achèvent le chapitre :

> « Si quelqu'un voulait soutenir que pour une raison ou pour une autre, les juifs ont été élus pour l'éternité par Dieu, je n'y contredirais pas, à condition qu'il précise que cette élection — qu'elle soit temporelle ou éternelle —, dans la mesure où elle est particulière aux juifs seuls, ne concerne que l'État et les avantages du corps (puisque c'est cela seul qui peut distinguer une

nation d'une autre) ; mais à l'égard de l'entendement ou de la vertu vraie, aucune nation ne se distingue d'une autre, et ainsi dans ce domaine aucune n'est élue par Dieu de préférence aux autres. »

En 1772, dans le chapitre sur l'« esprit des anciennes institutions », inséré dans son livre *Considérations sur le gouvernement de Pologne*, Rousseau livre quelques réflexions sur les juifs, qui recoupent curieusement les idées de Spinoza sur l'État, sans pour autant faire allusion à l'esprit religieux qui anima Moïse ; d'ailleurs, il se détache de la vision qu'avait Montesquieu de la religion juive. Voici le texte de Rousseau sur Moïse :

« Il forma et exécuta l'étonnante entreprise d'instituer en corps de nation un essaim de malheureux fugitifs, sans arts, sans armes, sans talens (*sic*), sans vertus, sans courage, et qui, n'ayant pas en propre un seul pouce de terrain, faisaient une troupe étrangère sur la face de la terre. Moïse osa faire de cette troupe errante et servile un corps politique, un peuple libre, et, tandis qu'elle errait dans les déserts sans avoir une pierre pour y reposer sa tête, il lui donna cette institution durable, à l'épreuve du temps, de la fortune et des conquérants, que cinq mille ans n'ont pu détruire ni même altérer, et qui subsiste encore aujourd'hui dans toute sa force, lors même que le corps de la nation ne subsiste plus.

Pour empêcher que son peuple ne se fondît parmi les peuples étrangers, il lui donna des mœurs et des usages inalliables avec ceux des autres nations : il le surchargea de rites, de cérémonies particulières ; il le gêna de mille façons pour le tenir sans cesse en haleine et le rendre toujours étranger parmi les autres hommes ; et tous les liens de fraternité qu'il mit entre les membres de sa république étaient autant de barrières qui le tenaient séparé de ses voisins et l'empêchaient de se mêler avec eux. C'est par là que cette singulière nation, si souvent subjuguée, si souvent dispersée, et détruite en apparence, mais toujours idolâtre de sa règle, s'est pourtant conservée jusqu'à nos jours éparse parmi les autres sans s'y confondre, et que ses mœurs, ses lois, ses rites, subsistent et dureront autant que le monde, malgré la haine et la persécution du reste du genre humain[3]. »

Hannah Arendt (1906-1975)

Les chrétiens me paraissent avoir laissé de côté trop facilement les réflexions que Spinoza, Montesquieu et Rousseau ont faites sur la conscience religieuse et politique des juifs. La pérennité de cette conscience est un trésor à respecter, et Diderot, à l'époque des Lumières, dans son article « Juif » de l'*Encyclopédie*, avait bien fait de distinguer nettement le judaïsme du christianisme : « L'unité d'un Dieu fait un des dogmes fondamentaux de la synagogue moderne, aussi bien que des anciens juifs : ils s'éloignent également du païen, qui croit à la pluralité de dieux, et des chrétiens qui admettent trois personnes divines dans une seule essence. » On comprend que Spinoza, Montesquieu et Rousseau n'aient pas eu besoin de se référer à la théologie chrétienne dans leurs remarques sur la religion juive. Ils seraient sans doute étonnés d'entendre dire aujourd'hui qu'il y a dans la religion occidentale du judéo-christianisme. Ces auteurs ont vécu le lent développement des États-nations au fil duquel s'est développée une nouvelle conscience juive non pas à l'insu, mais dans l'indifférence des chrétiens occidentaux. Hannah Arendt l'a perçu dans son étude, *Les origines du totalitarisme*[4]. Voici l'esquisse qu'elle fait de l'ascension et du déclin simultané de l'État-nation et de la communauté juive en Europe. Une nouvelle forme, plus intime, de vivre la religion juive va apparaître. Le rapport du christianisme et du judaïsme se révélera une fois de plus malaisé.

1. Aux XVIIe et XVIIIe siècles, les États-nations se développèrent lentement sous la tutelle des monarchies absolues. Partout, les juifs sortirent de l'ombre et s'élevèrent à des positions parfois brillantes, toujours influentes. Ce sont les juifs de cour qui finançaient les transactions d'État

et servaient d'hommes d'affaires aux princes. Il s'agissait de personnalités qui entretenaient des relations dans l'Europe tout entière, mais ne formaient pas une organisation financière internationale.

2. Après la Révolution française, les États-nations avaient besoin d'un volume de capitaux et de crédit bien supérieur à ce qu'on avait jamais demandé aux juifs de cour de mettre à la disposition d'un prince. Les privilèges que jusque-là on avait accordés aux seuls juifs de cour furent étendus à une large couche de juifs riches. Leurs capitaux furent confiés à quelques grands banquiers juifs. L'émancipation fut accordée aux juifs dans les États-nations pleinement évolués, mais elle fut « refusée dans les pays où l'arriération de la société et l'importance numérique des juifs les avaient empêchés de s'organiser en groupe distinct ayant pour fonction économique de pourvoir aux besoins financiers du gouvernement » (p. 233-234). Hannah Arendt remarque à propos de cette période : « Lorsque, à la fin du XVIIIe siècle et à l'apogée de leur richesse, les juifs de Berlin empêchèrent l'afflux des juifs des provinces orientales, dans le souci de ne pas partager leur "égalité" avec les juifs pauvres, leurs frères mais non leurs égaux ; lorsqu'en France, à l'époque de l'Assemblée nationale, les juifs de Bordeaux et d'Avignon protestèrent violemment contre le décret accor-

dant l'égalité des droits aux juifs des provinces de l'Est — il devint évident que les juifs, quant à eux, ne raisonnaient pas en termes d'égalité des droits mais de privilèges et de libertés particulières » (p. 237-238). Frank Manuel fait état de la même situation sociale en Autriche sous Joseph II lors de l'annexion de la Bucovine à l'empire en 1775 ; pour protéger les riches familles de Vienne, l'empereur se débarrassa des juifs pauvres venus de l'Est en les reléguant à des travaux agricoles[5].

3. Puisque la relation intime entre les juifs et le gouvernement national avait reposé sur l'indifférence de la bourgeoisie à la politique en général et aux finances de l'État en particulier, cette phase prit fin avec la montée de l'impérialisme à la fin du XIXe siècle. Les juifs durent céder leur monopole des transactions de l'État à des hommes d'affaires tournés vers l'expansion impérialiste ; ils perdirent de leur influence en tant que groupe.

4. La communauté juive occidentale se désintégra en même temps que l'État-nation dans les quelques dizaines d'années qui précédèrent la Première Guerre mondiale. L'Europe après la Première Guerre mondiale trouva les juifs « privés de leur ancien pouvoir, et atomisés parmi une foule d'individus aisés ». On ne peut pas oublier que la famille a joué pour les juifs un rôle important en politique occidentale,

comparable seulement à celui de la noblesse. Hannah Arendt souligne que « c'est notamment par des liens familiaux très forts et très persistants que le peuple juif résista à la dissolution et à l'assimilation ». Elle pense qu'« ayant perdu l'antique espoir de la rédemption messianique et le support vigoureux des traditions populaires » le milieu familier apparut « comme une sorte de dernier rempart, et le groupe tout entier fut considéré comme une grande famille ». On verra plus loin comment ce peuple juif acquiert, dans le système philosophique de Franz Rosenzweig (1886-1929), une dimension extratemporelle, au point que la « rédemption messianique » perdue peut être récupérée. Toutefois, la recherche de Hannah Arendt emprunte un cours différent de celui de Rosenzweig. Elle insiste beaucoup dans son texte sur l'ambiguïté de la condition juive : « Ainsi, au même moment et dans les mêmes pays, l'émancipation [des juifs] signifiait à la fois l'égalité *et* les privilèges, la destruction de l'ancienne autonomie de la communauté juive *et* la conservation consciente des juifs en tant que groupe à part dans la société, l'abolition des restrictions et des droits spéciaux *et* l'extension de ces droits à un groupe d'individus de plus en plus vaste » (p. 230).

Sans territoire, sans gouvernement propre, les juifs avaient toujours constitué un élément intereuropéen ; l'État-nation avait dû protéger ce statut international, car les services financiers des juifs reposaient sur lui. Même lorsque l'utilité économique des juifs déclina, leur position intereuropéenne resta très importante pour l'État, en cas de guerres et de conflits nationaux. Précisément parce qu'ils étaient un élément intereuropéen et non national, dans un monde où seules les nations existaient ou étaient sur le point de naître, les Juifs prirent une part active à l'histoire européenne en dehors bien entendu des croyances religieuses de populations qui étaient en principe chrétiennes. Ce rôle fut durable et plus essentiel que leur fonction précédente de banquiers de l'État. Là allait surgir un nouveau type, moderne celui-ci, de productivité juive dans le domaine des arts et des sciences. Des écrivains bien rompus aux questions que soulevait toujours la réalité européenne surent apprécier l'importance des juifs comme élément unificateur des différentes nationalités. Diderot écrivit dans l'*Encyclopédie* que les juifs « sont devenus des instruments par le moyen desquels les nations les plus éloignées peuvent converser et correspondre ensemble. Il en est d'eux, comme des chevilles et des clous qu'on emploie dans un grand édifice, et qui sont nécessaires pour en joindre toutes les parties ». Un siècle et demi plus tard, Humboldt observa que les juifs allaient perdre leur universalité en devenant des Français. Quant à Nietzsche, on sait qu'il fut l'avocat de l'émancipation juive pour des raisons qui n'ont rien à voir avec le libéralisme des Lumières ou avec la conception de sa propre philosophie dionysiaque, de la puissance et du projet qu'il impose à l'Europe.

L'antisémitisme fut l'expression d'une psychologie de masse. Il représente l'autre face du nationalisme auquel Nietzsche s'opposait également comme à une névrose. À la place du nationalisme, Nietzsche favorise un idéal européen qui surmonterait tous les nationalismes mesquins. Les juifs devaient avoir un rôle constitutif dans la nouvelle Europe. Je renvoie à l'étude que Yovel a consacrée à la vision que Nietzsche a des juifs européens et à leur histoire comme une entité mouvante et qui évolue[6].

Dans sa dense étude de 830 pages sur le totalitarisme, Hannah Arendt ne se limite pas aux manifestations extérieures du phénomène juif en Europe, elle tient compte aussi des paradoxes que recèle l'histoire politique des juifs. Voici une remarque qui me paraît éclairante :

> « De tous les peuples européens, les juifs étaient les seuls à ne pas constituer un État. À ce titre, ils étaient parfaitement disponibles pour des alliances avec des gouvernements et des États, quoi que ceux-ci représentent ; ils étaient désireux de nouer ces alliances. D'autre

part, les juifs n'avaient ni expérience ni tradition politiques. Ils étaient aussi peu conscients des tensions entre la société et l'État, que des risques évidents que leur faisait courir leur nouveau rôle, et des possibilités de pouvoir qui s'offraient ainsi à eux. Le peu de connaissance et de pratique qu'ils avaient de la politique leur venait d'abord de l'Empire romain, où ils avaient été en quelque sorte protégés par le soldat romain, puis du Moyen Âge, où ils avaient sollicité et reçu des autorités monarchiques et ecclésiastiques éloignées une protection contre la population et les potentats locaux. Ils avaient en quelque sorte conclu de ces expériences que l'autorité, et particulièrement l'autorité supérieure, leur était favorable, tandis que les autorités subalternes, et particulièrement les gens du peuple, étaient dangereux. Ce préjugé, qui exprimait assurément une vérité historique mais ne correspondait plus aux circonstances nouvelles, était aussi profondément enraciné chez la grande majorité des juifs, et aussi inconsciemment partagé par eux, que les préjugés correspondants, à l'encontre des juifs, étaient communément acceptés par les non-juifs » (p. 244).

Face à l'égalité politique, économique et juridique accordée aux juifs, « la société proclama nettement qu'aucune de ses classes n'était prête à leur accorder l'égalité sociale, et que l'on n'admettrait que des cas exceptionnels ». L'égalité de conditions, un impératif fondamental de la justice, est une entreprise hasardeuse, ainsi que le dit Hannah Arendt. Plus les conditions furent égales pour tous, moins il fut facile d'expliquer les différences réelles entre les individus, et moins, en fait, les individus et les groupes devinrent égaux entre eux. Le paradoxe était que le juif pouvait triompher chez les non-juifs précisément parce qu'il l'était, une situation où se dévoile une manière subtile de pratiquer la ségrégation. Johann G. Herder (1744-1803), dont l'attitude à l'égard du judaïsme fut ambiguë quand elle n'était méprisante[7], préconisa l'éducation comme la véritable voie vers l'émancipation des juifs du judaïsme, c'est-à-dire « des vieux et fiers préjugés nationaux [...], des coutumes qui n'appartiennent ni à notre siècle ni à nos constitutions », si bien que les juifs deviendraient « purement humanisés », utiles au développement des sciences et de toute la culture de l'humanité[8]. L'effet de cette *bonne* volonté excessive fut immense et désastreux sur les juifs nouvellement occidentalisés, qui venaient d'accéder à la culture ; on voulait qu'ils soient différents, et ils essayaient désespérément de ne décevoir personne. À la lecture du texte de Hannah Arendt, on comprend que d'un point de vue politique et civique les juifs à l'époque moderne cessèrent d'avoir une condition inférieure par rapport à leurs concitoyens, mais que cela ne leur donna pas une meilleure position sur le plan social.

C'est précisément la discrimination sociale qui créa, selon elle, ce spectre : « le Juif ».

Religion « raisonnable » et révélation

On a déjà rencontré l'opinion de Moïse Mendelssohn à propos de la conversion. Il est important de remarquer ici qu'il avait toujours soutenu que la religion juive n'exigeait ni croyance ni doctrine du salut, pas plus qu'elle n'enseignait une quelconque vérité métaphysique ou théologique : d'après Mendelssohn, elle se contente de prescrire aux juifs ce qu'ils ont à faire et comment vivre ; le judaïsme est une loi révélée, non pas une religion révélée. Mais on aurait tort de trop simplifier sa pensée, qui fut d'une droiture admirable. Le 12 décembre 1769, il écrit :

> « Je n'ai pas commencé hier à réfléchir sur ma religion. J'ai reconnu très tôt le devoir d'examiner mes opinions et actions, et si je me suis donné depuis ma jeunesse dans mes heures de repos et de loisir à la philosophie et aux belles-lettres, ce fut uniquement pour me préparer à cet examen, si nécessaire ; je n'avais pas d'autres motifs à cela. Dans l'état où je me trouvais, je n'avais pas le moindre avantage temporel à attendre. Si après tant d'années de recherche ma

> décision n'avait pas complètement donné l'avantage à ma religion, j'aurais dû le faire connaître publiquement. Je ne comprends pas ce qui pourrait me retenir à une religion qui a l'air si stricte, et qui est si méprisée par tous, si je n'étais pas convaincu dans mon cœur de sa vérité[9]. »

Mendelssohn accepte la foi à l'intérieur d'une religion universelle de la raison. La lecture de son livre *Jerusalem oder über religiöse Macht und Judentum*, publié à Berlin en 1783, permet facilement de constater que l'auteur suit les traces de Spinoza. Yovel explique : « Les deux plus grands penseurs annonciateurs de la modernité, Spinoza et Mendelssohn, séparent la religion juive des vérités de l'intellect pour en faire une constitution purement pratique, et même politique : pour Spinoza, cela fait partie de son attaque contre la religion historique et le principe de la révélation, tandis que, pour Mendelssohn, il s'agit, au contraire, de *défendre* la religion de ses ancêtres et son fondement révélé. » Et plus loin, Yovel ajoute : « Du point de vue des Lumières — comme il suit de l'exigence de Mendelssohn —, le judaïsme offre un avantage par rapport au christianisme, car il est dépourvu des contradictions entre science et religion ainsi qu'entre raison et révélation, qui harcèlent les Lumières chrétiennes. Certes, les juifs possèdent beaucoup de croyances cognitives, mais elles dérivent de la raison et non de révélations prophétiques : ce qui a été révélé aux juifs, à strictement parler (c'est-à-dire d'après la signification de la "religion révélée" à l'époque, et que les juifs sont censés accepter sur la base d'une autorité historique), ce sont exclusivement les commandements[10]. » C'est une remarque importante qui met en relief ce qui sépare les deux religions de manière radicale à mon sens : la présence de ce qui a été révélé à l'homme par l'irruption divine dans l'histoire de l'humanité. La notion de révélation n'est donc ni comprise ni vécue de la même manière par les juifs et les chrétiens. La pensée de Mendelssohn devient explicite dans la seconde partie de *Jérusalem* : Moïse a révélé à l'homme des règles de conduite, des lois qui relèvent de l'ordre naturel ; en revanche la révélation du Christ comporte une théologie du salut. Je cite Mendelssohn :

> « Pour le dire en un mot : je crois que le judaïsme ne connaît pas de religion révélée au sens où les chrétiens l'entendent. Les israélites ont une *législation* divine : lois, injonctions, commandements, règles de vie, enseignement de la volonté de Dieu concernant la manière dont ils doivent se comporter pour obtenir la félicité temporelle et éternelle ; ces propositions et prescriptions leur ont été révélées par Moïse

d'une manière miraculeuse et surnaturelle ; mais on ne nous a pas révélé des doctrines, des vérités salvifiques ni d'axiomes raisonnables universels. L'Éternel nous révéla ces derniers, comme aux autres hommes, en tout temps, par la *nature* et les *choses*, jamais par la *parole* et les *signes écrits*[11]. »

Il faut distinguer la révélation naturelle de la révélation surnaturelle, ce qui en d'autres mots veut dire une distinction entre la philosophie et la foi dont fait état Spinoza dans son *Traité théologico-politique* :

« Je n'ai pas l'intention de réfuter la thèse de ceux qui posent avec assurance que la lumière naturelle ne peut rien enseigner de bon touchant ce qui regarde le vrai salut. Car ceux qui ne s'accordent pas de Raison saine ne peuvent rien prouver par la Raison, et s'ils se targuent de quelque faculté supérieure à la Raison, c'est pure invention et bien en dessous de la Raison, comme l'indique suffisamment leur manière ordinaire de vivre. Mais il n'est pas besoin d'en parler ici plus ouvertement. Je me bornerai cependant à dire : Nul ne peut être connu que par ses œuvres. Celui donc qui aura manifesté avec abondance ces fruits que sont la charité, la joie, la paix, la patience, la bienveillance, la bonté, la bonne foi, la douceur et la maîtrise de soi, contre quoi (comme dit Paul dans l'Épître aux Galates, 5 : 22) il n'y a pas de loi, celui-là, que la seule Raison l'instruise ou l'Écriture seule, en est véritablement instruit par Dieu et parfaitement heureux » (V, 19-20).

Au XIXe siècle, l'intelligentsia juive suivait le mouvement général de laïcisation, mais celui-ci avait déjà perdu l'attrait révolutionnaire de la philosophie des Lumières en même temps que la foi en une humanité libre et indépendante, laissant ainsi le champ libre à la transformation des croyances religieuses. Il faut peut-être en tenir compte pour mieux comprendre l'antisémitisme moderne dont la naissance aurait été directement liée à l'assimilation des juifs, à la laïcisation et au dépérissement des anciennes valeurs religieuses et spirituelles du judaïsme. L'intelligentsia juive fut alors exposée à l'influence des réformateurs juifs, qui voulaient transformer une religion nationale en dénomination religieuse ; la laïcisation poussait le juif hors des frontières connues. Dans la religion juive, le concept d'élection et l'espoir messianique constituant deux aspects du plan divin de rédemption de l'humanité, l'élément décisif de la laïcisation des juifs devait être par force le divorce entre ces deux concepts. Il y a alors un paradoxe à la base de la psychologie des juifs modernes que Hannah Arendt explique ainsi : leur assimilation, avec ses corollaires (disparition de la conscience nationale, transformation d'une religion nationale en un simple culte confessionnel), a produit « un véritable chauvinisme juif », si du moins on entend par chauvinisme le nationalisme perverti dans lequel, selon les termes de Chesterton, « l'individu est lui-même l'objet de culte ; l'individu est son propre idéal, et même sa propre idole ». Dès lors, le vieux concept religieux d'élection cessa d'être l'essence du judaïsme pour devenir « l'essence de la judéité » (p. 308). La judéité était pour l'individu juif à la fois une « tare physique » et un mystérieux privilège personnel, inhérents tous les deux à une « prédestination raciale » (p. 318).

Le témoignage de Proust

Paris était, comme l'a dit Walter Benjamin, la capitale du XIXe siècle, et, pour découvrir la société de la IIIe République, nous avons l'œuvre de Proust, qui nous guide à travers le labyrinthe des relations sociales. Je suis d'accord avec Hannah Arendt quand elle dit que les salons du faubourg Saint-Germain peuvent servir à illustrer le rôle des juifs dans une société non juive ; « il n'exista nulle part ailleurs une société aussi brillante », dit-elle, et dans aucune autre société on ne pouvait trouver « des annales aussi fidèles » (p. 315). Or je ne fais ici ni l'histoire du judaïsme européen ni, moins encore, celle de l'antisémitisme, mais il m'intéresse de comprendre la raison d'être de cette notion itérative qu'est le « judéo-christianisme », une notion qui me paraît avoir fait son chemin après la Seconde Guerre mondiale chez les chrétiens, personnalités politiques et théologiens, pour soulager leur conscience vis-à-vis des crimes commis contre les juifs d'Europe. L'époque *fin de siècle* que décrit le roman de Proust me paraît être la préhistoire immédiate de la catastrophe qui allait frapper les juifs plus tard. Le texte peut donc servir aussi pour déployer la toile de fond sur laquelle on finira par voir s'inscrire les premières notions « judéo-chrétiennes ». L'origine juive ne joua jamais un rôle aussi décisif dans la vie privée et dans l'existence quotidienne que chez les juifs assimilés de cette époque. Ils ne s'étaient pas éloignés du judaïsme, ils l'avaient transformé ; le processus de transformation commençait déjà à être vieux de quelques générations, comme le montrent les écrits de Mendelssohn à Rosenzweig. Mais, avant de les étudier, laissons encore une fois la parole à Hannah Arendt :

> « Le réformateur juif qui transformait une religion nationale en simple confession religieuse impliquant que la religion est une affaire privée, le révolutionnaire juif qui se voulait citoyen du monde afin de se débarrasser de sa nationalité juive, le juif instruit, "un homme dans la rue,

> un juif à la maison", chacun de ces juifs réussit à transformer une caractéristique nationale en affaire privée. Le résultat fut que leur vie privée, leurs décisions et leurs sentiments devinrent le centre même de leur judéité. Plus l'origine juive perdait sa signification religieuse, nationale et socio-économique, plus la judéité devenait obsédante. Les juifs en étaient obsédés comme on peut l'être par un défaut ou une qualité physique, et s'y adonnaient comme on peut s'adonner à un vice » (p. 320-321).

Les forces décisives qui placèrent les juifs au centre du cataclysme étaient sans aucun doute des forces politiques, mais la réaction ou l'attitude individuelle devant la question juive avait une cruauté particulière, c'était une agression contre toute personne d'origine juive. Il y a des facteurs sociaux qui n'apparaissent pas dans l'histoire politique ou économique, et qui restent cachés sous la surface des événements. Proust décrit ces facteurs cachés. Il les *voyait.* Le roman de Proust, commente Hannah Arendt, met en évidence les deux reproches que la société de son temps faisait aux juifs : leur judéité et l'homosexualité (p. 316). Cette affirmation est entérinée par une remarque inattendue de Proust dans la première partie de *Sodome et Gomorrhe* (Pléiade, II, p. 615) : « [...] certains juges supposent et excusent plus facilement l'assassinat chez les invertis et la trahison chez les juifs pour des raisons tirées du péché originel et de la fatalité de la race. » Il y avait là une tolérance pervertie. Quand la distance entre l'appareil juridique et politique, d'une part, et la société, d'autre part, disparaît, les critères sociaux prennent force de loi et deviennent des règles politiques et juridiques. Hannah Arendt conclut : « Si on la laisse établir son propre code, cette apparente largeur d'esprit qui assimile le crime et le vice se révélera toujours plus cruelle et plus inhumaine que les lois, si sévères soient-elles, qui reconnaissent et respectent la responsabilité individuelle de l'homme en ce qui concerne son comportement » (p. 317). En effet, dans la société dépeinte par Proust coexistent l'exotisme et le raffinement ; une atmosphère de « nécromancie » dans laquelle, selon ses termes, « un gentleman juif ou une dame turque peuvent apparaître comme s'il s'agissait en effet d'êtres évoqués par un effort médiumnique » (p. 318-319).

Il ne me paraît pas hors de propos, dans mon intention de bien distinguer le judaïsme du christianisme, de réfléchir davantage aux textes de Proust. Voici son analyse de la société juive de son temps :

> « Admirable puissance de la race qui du fond des siècles pousse en avant jusque dans le Paris

moderne, dans les couloirs de nos théâtres, derrière les guichets de nos bureaux, à un enterrement, dans la rue, une phalange intacte, stylisant la coiffure moderne, absorbant, faisant oublier, disciplinant la redingote, demeurée, en somme, toute pareille à celle des scribes assyriens peints en costume de cérémonie à la frise d'un monument de Suse devant les portes du palais de Darius... Mais, au reste, parler de permanence de races rend inexactement l'impression que nous recevons des Juifs, des Grecs, des Persans, de tous ces peuples auxquels il vaut mieux laisser leur variété. Nous connaissons, par les peintures antiques, le visage des anciens Grecs, nous avons vu des Assyriens au fronton d'un palais de Suse. Or il nous semble, quand nous rencontrons dans le monde des Orientaux appartenant à tel ou tel groupe, être en présence de créatures surnaturelles que la puissance du spiritisme aurait fait apparaître. Nous ne connaissions qu'une image superficielle ; voici qu'elle a pris de la profondeur, qu'elle s'étend dans les trois dimensions, qu'elle bouge... C'est l'âme (ou plutôt le peu de chose auquel se réduit, jusqu'ici du moins, l'âme, dans ces sortes de matérialisations), c'est l'âme, entrevue auparavant par nous dans les seuls musées, l'âme des Grecs anciens, des anciens Juifs, attachée à une vie tout à la fois insignifiante et transcendantale, qui semble exécuter devant nous cette mimique déconcertante » (II, *Le Côté de Guermantes*, p. 190-191).

Pourquoi Proust voit-il les juifs « transcendant » le monde, différents et en même temps si présents, y vivant quotidiennement comme les non-juifs ? Swann devient un paradigme pour le narrateur du roman *À la recherche du temps perdu*. Proust, qui ne semble pas s'être considéré comme juif puisque son père ne l'était pas, fait de Swann un être raffiné, dont l'origine juive, comme la sienne, est lointaine, voire douteuse, mais il veut nous montrer en Swann, comme dit Cattaoui, « l'éveil d'un hébraïsme latent[12] ». Le narrateur, en effet, observe : « Il y a certains Israélites très fins pourtant et mondains délicats, chez lesquels restent en réserve et dans la coulisse, afin de faire leur entrée à une heure donnée de leur vie, comme dans une pièce, un mufle et un prophète. Swann était arrivé à l'âge du prophète » (Pléiade, II, *Sodome et Gomorrhe*, p. 690). Au moment de l'affaire Dreyfus, Swann a une opinion arrêtée sur les gens qui l'entourent : tous les Guermantes, dit-il, sont antidreyfusards parce qu'ils étaient tous, au fond, antisémites, et le narrateur ajoute : « Il savait bien pourtant par expérience que certains ne l'étaient pas, mais qui, comme tous les gens qui ont une opinion ardente, aimait mieux, pour expliquer que certaines personnes ne la partageassent pas, leur supposer une raison préconçue, un préjugé contre lequel il n'y avait rien à faire, plutôt que des raisons qui se laisseraient discuter. D'ailleurs, arrivé au terme prématuré de sa vie, comme une bête fatiguée qu'on harcèle, il exécrait ces persécutions et rentrait au bercail religieux de ses pères. » Et Swann de conclure : « [...] Mais enfin, plus ou moins jeunes, hommes ou femmes, qu'est-ce que vous voulez, tous ces gens-là sont d'une autre race, on n'a pas impunément mille ans de féodalité dans le sang. Naturellement ils croient que cela n'est pour rien dans leurs opinions » (II, *Le Côté de Guermantes*, p. 581-582). Le narrateur pense que le dreyfusisme a rendu Swann naïf et déformé sa façon de voir les gens. Je dirais que mille ans de féodalité sont moins importants que deux mille ans de christianisme pendant lesquels le juif avait été le « perfide » déicide. Proust se cache derrière plusieurs personnages, sans se les assimiler jamais. C'est probablement sa richesse intérieure, son imagination féconde qui lui permettent de présenter les juifs comme des êtres en qui se conjuguent un atavisme d'Orientaux et d'opprimés et le désir, plus ou moins maladroit, de s'assimiler. Cette condition hybride, le narrateur l'expose et la développe à côté de celle de l'inverti, c'est une écriture qui enrichit la vision que le lecteur peut avoir des êtres qu'il croise parfois dans la rue.

D'un autre point de vue mais toujours à propos de la complexité du caractère du peuple juif, je note ce que Gershom Scholem écrivait en juin 1963 à Hannah Arendt à propos de son livre *Eichmann à Jérusalem. Rapport sur la banalité du mal* (1963) : « Je sais que certains aspects de l'histoire juive (pendant plus de quarante ans je n'ai guère eu d'autre sujet de préoccupation) dépassent notre compréhension : d'une part, une application quasi démoniaque aux choses de ce monde ; d'autre part, une incertitude fondamentale pour s'orienter en ce monde, incertitude qui fait contraste avec l'assurance du croyant, à laquelle, hélas, votre livre se réfère si peu. Il y a eu de la faiblesse aussi, mais une faiblesse alliée à tant d'héroïsme qu'il n'est pas facile de les démêler ; la misère et la soif du pouvoir n'en sont pas absentes[13]. »

Proust voit, décrit, et présente, avec ironie parfois, une réalité complexe qui s'impose, et il est libre de penser et d'écrire ce qu'il pense parce que le judaïsme, hors du ghetto, se portait bien et que le christianisme avait perdu de sa virulence ancienne. Dans la première moitié du XXe siècle, en Europe occidentale, la position des chrétiens devint moins défiante à l'égard des juifs étant donné que le christianisme avait décliné en tant qu'élément dominant de la société. Il est possible que quelques intellectuels juifs aient pu penser à ce moment-là que le judaïsme pourrait s'imposer comme religion dominante. C'était une vision optimiste mais elle n'était pas sans fondement quand on lit les auteurs que je vais citer. Moins religieux, le chrétien est moins antijuif, aux dépens d'une attitude d'antisémitisme général. Disons tout de suite que le dialogue judéo-chrétien est vieux de deux siècles, mais qu'il n'a rien à voir avec une vie religieuse fondée sur des croyances « judéo-chrétiennes » que je considère comme chimériques

5

DEUX RELIGIONS CONTIGUËS

Les divergences entre judaïsme et christianisme, les deux religions majeures de ce qu'on appelle le monde occidental, se manifestent nettement à la lecture des livres du Nouveau Testament. Le christianisme, né dans un milieu sémite, se révéla bientôt une religion gréco-romaine. Avec la croyance en Dieu, un, créateur de l'Univers, on dirait que nous sommes sur des fondations partagées par les deux religions, et pourtant les contradictions philosophiques de la doctrine trinitaire chrétienne sont souvent mises en évidence par les intellectuels juifs (elles avaient été aussi remarquées par les théologiens musulmans) ; on pourrait donner raison à Juda Hallévi, né à Tudéla vers 1075, poète et médecin à Tolède, qui écrivit en 1140, à Cordoue, un grand classique de la litttérature juive, le *Livre de la démonstration et de la preuve en défense de la religion méprisée* (connu sous le titre de *Kuzari*), où il présente le roi des Khazars tourmenté par le problème religieux et, voulant comparer les trois religions, il sollicite les exposés d'un chrétien, d'un docteur de l'islam et d'un rabbin ; le roi « soumet à un examen approfondi » les doctrines « trop nouvelles » du chrétien sur la Trinité et le Messie, qui est « un être extérieurement humain, mais intérieurement divin ; extérieurement, prophète envoyé, mais intérieurement, dieu envoyeur ». Le roi manifeste ouvertement son scepticisme à l'égard d'un dieu incarné[1]. Son attitude n'est pas étonnante. Les critiques des penseurs juifs contre la notion théologique d'un Dieu en trois personnes sont bien compréhensibles, comme le sont celles concernant la double personnalité, divine et humaine, de Jésus. Le monde occidental chrétien a fini par accepter, sinon valider ces notions théologiques, oubliant que, aux premiers siècles de notre ère, des esprits bien rompus à la philosophie ont eu de la peine à comprendre cette sorte de polythéisme et parfois se sont même opposés à le justifier. Les premières polémiques chrétiennes révélèrent davantage l'ambiguïté de la doctrine trinitaire quand on voulut définir la (double) personnalité de Jésus de Nazareth en en appelant aux catégories d'Aristote.

À l'époque médiévale, le christianisme, devenu la religion de l'Occident, laissa peu d'espace à un dialogue entre juifs et chrétiens. Les historiens s'accordent pour dire que le vrai dialogue ne commence qu'à l'époque moderne avec Moïse Mendelssohn : revenons à lui, car il sut briser comme nul autre « le silence de la période médiévale » et devenir un porte-parole des Lumières.

Moïse Mendelssohn (1729-1786)

Né en 1729 au sein d'une famille juive de Dessau, Mendelssohn s'efforça d'adhérer à la culture européenne de son temps tout en restant fidèle à sa conscience religieuse juive. Julius Guttmann, dans son *Histoire des philosophies juives. De l'époque biblique à Franz Rosenzweig* (1954 ; traduction française 1994), l'a clairement expliqué : « Pour le rationalisme médiéval, les vérités religieuses ont une double fonction, religieuse et rationnelle. La vérité rationnelle se révèle extérieurement à l'homme et peut ainsi se transmettre au peuple, les abstractions philosophiques étant pour celui-ci trop difficiles à comprendre. C'est le but de la révélation que de rendre généralement accessibles les fondements de la conception philosophique de Dieu, en même temps que leurs conséquences éthiques et d'arguer de leur origine divine pour les légitimer contre toute attaque. Ce point de vue — partagé par la scolastique chrétienne (quoiqu'il se limitât aux aspects rationnels de la foi) — resta en vigueur pendant toute la période des Lumières, et même au-delà. Leibniz le reprit sous une forme abrupte : le christianisme a transformé la religion des sages en religion des peuples. Mendelssohn n'accepte pas pareille répétition des vérités rationnelles par la révélation. Ces vérités appartiennent complètement et exclusivement à la sphère de la raison. Le sens de la conformité entre la révélation et la raison est que la révélation présuppose la vérité rationnelle. La vraie révélation sera nécessairement fondée sur la religion de la raison et verra en elle son vrai fondement » (p. 371-372).

La position intellectuelle de Mendelssohn était donc claire et sans concession : sa fidélité aux exigences de la raison fut exemplaire au point que Hegel pensait que Mendelssohn ne pouvait pas simultanément soutenir sa théorie des Lumières et la religion de ses pères. Il faut pourtant distinguer les Lumières (comme les françaises), où les déistes attaquaient la religion, de l'*Aufklärung* allemande, qui ne s'opposait pas à la vérité religieuse. Tout en étant un esprit de son temps, Mendelssohn resta fermement attaché à la religion juive. Fils des Lumières, il s'éloigne résolument de Spinoza, car il intériorise sa vie religieuse à l'extrême ; dans le texte suivant, il nous révèle sa pensée, qui, de manière exemplaire, pourrait nous aider aujourd'hui à faire du chemin vers une laïcisation honnête :

> « Sans temple et sans prêtre et hors de Judée, il n'y a ni loi de sacrifice ou de propriété, ni impôt sacerdotal dans la mesure où ils dépendent des propriétés foncières. Mais les commandements personnels, les devoirs impartis aux fils d'Israël, sans rapport avec le culte du Temple et de la propriété foncière en Palestine, doivent pour autant que nous puissions le voir, être observés strictement d'après la lettre de la loi, jusqu'à ce qu'il plaise au Tout-Puissant d'apaiser notre conscience et de nous faire connaître clairement et publiquement l'abolition de la loi[2] ».

Gotthold Ephraim Lessing (1729-1781), représentant éminent de l'Europe des Lumières, fit de Mendelssohn le personnage clé de *Nathan le Sage*, une pièce de théâtre qui se veut un éloge (à mon avis simpliste) de la tolérance à laquelle aspirent Nathan, un templier et Saladin ; la religion chrétienne est pourtant nettement privilégiée sur la scène. La grande amitié de Mendelssohn avec Lessing ainsi que ses rapports avec d'autres intellectuels auraient pu faire croire que tout se passait pour le mieux pour les juifs ; cela ne semble pourtant pas avoir été le cas. Kant, dans ses cours de 1772-1773 qui deviendront le sujet de son *Anthropo-*

logie du point de vue pragmatique[3], fait une description fort malveillante du peuple juif. Christian-Wilhelm Dohm, diplomate et historien allemand, considéré comme un des amis de Mendelssohn, dans un livre écrit en faveur de l'« émancipation civile » des juifs, se permit de décrire les juifs comme « plus corrompus que d'autres nations », portés « davantage à l'usure et à la fraude dans le commerce », tout en admettant que leur « perversité » n'est que la suite « naturelle et nécessaire de l'état d'oppression dans lequel ils se trouvent depuis nombre de siècles[4] ». Esprit éclairé, Dohm prit la défense des juifs en espérant qu'ils fussent prêts à rejeter traditions et religion afin de s'intégrer dans la contemporanéité, celle des Lumières. Dohm écrivit aussi, et cela sur les instances de Mendelssohn, une sorte de mémorandum en faveur des juifs d'Alsace mais les résultats de sa démarche à la cour prussienne furent maigres[5]. Suivant l'exemple de Dohm et se servant de ses idées, Mirabeau, arrivé à Berlin en 1786 quelques jours après la mort de Mendelssohn, écrit à son tour un livre *Sur Mendelssohn, sur la réforme politique des juifs*. D'après Dominique Bourel, c'est à Mirabeau que revient le mérite d'avoir attiré pour la première fois en Europe l'attention d'un plus large public sur Mendelssohn.

Or l'extraordinaire estime que nombre de ses contemporains eurent pour Mendelssohn s'accompagnait malheureusement d'un grand mépris pour ses coreligionnaires. Les relations de Mendelssohn avec la société non juive ressemblaient, comme le pense Hannah Arendt, aux relations entre érudits qui avaient rapproché les savants juifs et leurs homologues chrétiens dans presque toutes les périodes de l'histoire de l'Europe ; le contentement de Mendelssohn à l'égard de Frédéric II, qu'il considérait comme le plus sage des princes, est, dit-elle, « touchant et étonnant » puisque ce prince avait rendu très difficile à Mendelssohn l'obtention d'une autorisation de séjourner à Berlin et « à une époque où ses *Münzjuden* (juifs de la monnaie) jouissaient de tous les privilèges » ; le prince n'avait même pas accordé à Mendelssohn le statut régulier de « juif protégé[6] ». Ce fut Frédéric qui n'osa nommer Mendelssohn, parce qu'il était juif, membre de l'Académie de Berlin « pour la place de membre ordinaire de la classe de philosophie spéculative », et cela malgré le soutien « de la grande majorité » des académiciens et le fait que Mendelssohn avait remporté (devant Kant) en 1763 un prix de la même académie. La tolérance à cette époque concernait, comme le rappelle Bourel, la coexistence des trois confessions, catholique, luthérienne et réformée, mais on ne pensait jamais aux païens, aux juifs, aux musulmans et aux tenants de la religion naturelle. Juristes et professeurs de Halle ou de

Tübingen s'accordaient à dire que c'est le prince qui peut ou non accepter la présence de juifs sur son territoire. « S'ils participent du *ius commune*, ils n'ont ni droits civiques ni droits politiques. Bref, en Allemagne, on en restait à la position du Moyen Âge alors que John Locke, par exemple, étendait la tolérance complète aux juifs mais la refusait aux "papistes" et aux athées[7]. »

Mendelssohn fut souvent victime de polémiques ourdies contre lui par ses adversaires ; l'un d'entre eux, qui s'était opposé à lui verbalement, était Johann Kaspar Lavater, un prêtre suisse, importun et dépourvu de tact, qui mit Mendelssohn au défi soit de se convertir au christianisme, soit de démontrer par la force de la raison que le judaïsme était supérieur au christianisme. Mirabeau a laissé un témoignage magnifique sur la personnalité de Lavater :

> « Ce Lavater, doué sous les glaces du Nord des plus bouillantes extases du Midi, composé bizarre d'instruction et d'ignorance, de superstition et d'impiété, d'esprit et de démence ; dévot et magicien, galant et rigoriste, voluptueux et mystique, intrigant et studieux, ce Lavater, auteur à 36 ans de 80 volumes, est peut-être un des plus singuliers personnages de ce siècle[8]. »

Mendelssohn se réfère brièvement dans la seconde partie de son *Jérusalem* (du début de 1783) à l'obstination de Lavater pour sa conversion ainsi qu'au théologien allemand David Ernst Mörschel, qui accusa Mendelssohn de vouloir détruire la religion juive. Frank Manuel a relevé, dans son étude de 1992 sur le judaïsme tel qu'il fut perçu par les intellectuels chrétiens en Allemagne, que Lavater avait voulu confronter Mendelssohn aux idées sur l'âme et l'immortalité de Charles Bonnet en lui offrant une traduction allemande de l'œuvre de ce naturaliste genevois. Mais Mendelssohn sut faire preuve de son équilibre spirituel[9]. Lavater venait de commencer à écrire *Vues sur l'éternité* quand parut le livre de Bonnet, *Palingénésie philosophique ou Idées sur l'état passé et sur l'état futur des êtres vivants*, où l'auteur développe la théorie que les miracles ne contredisent pas la raison, car cela serait s'opposer à Dieu tout-puissant ; l'homme ne peut pas connaître la *préorganisation* divine des choses. Bourel, qui dans sa biographie récente de Mendelssohn, a dédié un long chapitre documenté (p. 224-254) aux rapports épistolaires entre Lavater et Bonnet et de ces deux auteurs avec Mendelssohn, publie une lettre de Bonnet qui fait état des convictions du Genevois lors de la publication de son œuvre *Palingénésie.* Il explique à un ami : « J'avais projeté un très grand ouvrage sur les preuves du christianisme ; après avoir bien réfléchi, j'ai jugé que cette esquisse produirait plus d'effet, et que je parviendrais plus sûrement par cette voie au but important que je me proposais et que j'ai indiqué dans la préface. » La question de la conversion au christianisme de Mendelssohn revient alors en force. Bourel a eu raison de publier les détails de cet épisode important de la vie de Mendelssohn. Comme l'autorité scientifique de Bonnet semblait être bien admise par l'Académie de Berlin, à la lecture des *Recherches philosophiques* puis de *Palingénésie*, Lavater trouva facilement, dit-il, « avec des larmes de joie », la « certitude » de sa religion et il s'empressa de faire une traduction partielle de l'œuvre de Bonnet et de l'envoyer à Mendelssohn en plaçant à la tête de la traduction une dédicace que Bonnet trouva « singulière » et de laquelle il dit qu'elle « donna lieu à des écrits qui firent grand bruit en Allemagne ». Elle mérite d'être citée in extenso ; elle est précieuse parce qu'elle jette une lumière particulière sur le thème de mon étude. Lavater avait écrit ces mots :

> « Je connais vos profondes intuitions, votre amour de la vérité, votre impartialité tenace incorruptible, votre tendre respect pour la philosophie en général et pour les écrits de Bonnet en particulier. La douce simplicité avec laquelle

> vous jugez le christianisme malgré votre éloignement et le respect philosophique dont vous avez témoigné — dans des heures les plus heureuses de ma vie — quant au caractère moral de son fondateur, m'est inoubliable. J'ose vous demander [...] devant le Dieu de la vérité, votre créateur et père comme le mien [et] vous conjure : ne pas lire cet écrit avec impartialité philosophique... Mais le réfuter publiquement dans la mesure où vous ne trouvez pas vrais les arguments essentiels par lesquels le christianisme est soutenu. Dans la mesure où vous les trouvez justes, [je vous demande] de faire ce qu'intelligence, amour de la vérité et honnêteté vous disent de faire, ce que Socrate aurait fait s'il avait lu ce livre et l'avait trouvé irréfutable[10]. »

J'ai cité plus haut (p. 160) la réponse de Mendelssohn à Lavater, datée du 12 décembre 1769. C'est une réponse qui affirme sans ambages son adhésion pleine et entière à la foi de ses pères. Mendelssohn soutient contre Bonnet que le critère de vérité pour une religion n'est pas à chercher dans les miracles que son fondateur a pu réaliser. Les miracles en eux-mêmes ne sont une preuve ni pour le judaïsme ni pour le christianisme. Les juifs ne croient pas à cause des miracles de Moïse. « Ce n'est ni la mer Rouge ni la manne qui consacre Moïse : sa mission, c'est la Loi reçue sur le Sinaï. Toute la nation en fut le témoin, entendant le tonnerre avec ses oreilles et voyant la flamme avec ses yeux. Et c'est la raison pour laquelle la nation juive ne peut croire à aucun miracle demandant de s'écarter de la Loi. » Dans le débat que souleva le livre de Bonnet, Mendelssohn voulut bien souligner que les chrétiens se trompent en considérant les miracles comme des signes infaillibles de vérité, les faux prophètes faisant aussi des miracles. La vérité de la religion n'est pas dans le miracle, qui lui est extérieur, mais dans le raisonnement intrinsèque de sa doctrine. Pour Mendelssohn, les différences dogmatiques entre chrétiens et juifs sont grandes même si les « mœurs et les actions » ne sont pas très éloignées. À aucun moment il ne remet en cause, comme l'a écrit Bourel, l'abîme qui sépare le judaïsme du christianisme. Mendelssohn a toujours montré dans ses écrits la « contiguïté » des deux religions autant que la séparation de l'Église de la Synagogue et de l'État, et, bien sûr, celle de la raison de la révélation. Il nous rappelle encore une fois que « le judaïsme ne se glorifie d'aucune révélation exclusive de vérités éternelles indispensables au bonheur ; il n'est pas une religion révélée dans le sens où on a l'habitude de prendre ce terme. Une religion révélée est une chose, une législation révélée en est une autre ».

Un « auteur anonyme », que Mendelssohn cite dans son *Jérusalem*, l'encouragea à accepter la foi chrétienne puisqu'il (Mendelssohn) s'était libéré « des liens de fer ecclésiastiques qui le tenaient en esclavage » et que lui-même « enseigne déjà le principe de liberté propre d'un culte raisonnable comme le culte chrétien », qui n'est lié ni à Samarie ni à Jérusalem[11]. Des années plus tard, le philosophe Friedrich Heinrich Jacobi (1743-1819), hostile aux Lumières et pour lequel le spinozisme représentait l'issue nécessaire au rationalisme, voire à l'athéisme, confronta Mendelssohn à un dilemme différent : soit admettre qu'il était athée, comme Spinoza, soit abandonner la raison en faveur de la foi (pensait-il à la foi chrétienne ou à la « croyance naturelle » ?). Jacobi devint célèbre grâce à ses *Lettres à Moses Mendelssohn sur la doctrine de Spinoza*, où il décrit l'entrevue qu'il avait eue avec un Lessing vieillissant[12]. Ce texte donna lieu à un débat célèbre dans l'histoire de la philosophie allemande qui devait aboutir à la « querelle du panthéisme », les principaux antagonistes étant d'abord Jacobi et Mendelssohn ; plus tard, Kant lui-même se vit obligé d'intervenir une fois que la polémique eut enflé avec l'intervention publique des amis de l'un et de l'autre. Alexis Philonenko a traduit et commenté le texte *Qu'est-ce que s'orienter dans la pensée ?* que Kant écrivit à cette occasion. L'essai de Kant et le précieux commentaire de Philonenko aident à mieux comprendre les débats d'alors entre juifs et chrétiens. Il explique : « Le véritable projet de Jacobi était de fonder un irrationalisme et de détruire l'unité de la raison et de la religion, de la logique et de la foi propre au théisme de l'*Aufklärung.* » Jacobi se proposait de montrer que le spinozisme était la seule doctrine véritablement rationnelle ; la conversion de Lessing au spinozisme dont Jacobi voulait témoigner apportait une preuve essentielle puisque Lessing, en tant qu'*Aufklärer*, avait pour principe de ne suivre que la seule raison. D'après Jacobi, un spinoziste ne doit « jamais vouloir parler de Dieu… de la liberté… de la moralité authentique, car selon sa plus intime conviction ces choses ne sont pas[13] ».

À propos du spinozisme de Lessing, la réflexion de Tavoillot mérite que l'on s'y attarde :

> « Contentons-nous ici de mentionner le plus manifeste, soit la différence de démarche entre le *Traité théologico-politique* et *L'éducation du genre humain.* Alors que la méthode d'exégèse de Spinoza vise à "déconstruire" la religion biblique en tentant de la purifier des éléments proprement humains (superstitions, prophéties, éléments imaginaires…) pour aboutir enfin à la "religion philosophique", celle que Lessing met en œuvre dans *L'éducation du genre humain* tente à l'inverse de "reconstruire" le sens de la religion biblique dans l'horizon d'une religion qui serait à la fois historique et rationnelle. En dépit des similitudes apparentes, l'orientation

est donc radicalement différente. Reste la conversation rapportée par Jacobi. Or, là aussi, on ne peut qu'être déçu. Lessing écoute plus qu'il ne parle, et, lorsqu'il parle, il n'est pas aisé de faire la part de la plaisanterie et celle du sérieux. L'aveu lui-même est rien moins qu'inconditionnel : Jacobi : Alors vous seriez assez d'accord avec Spinoza. — Lessing : Si je dois me nommer d'après quelqu'un, je ne vois personne d'autre. Cette prudence se retrouve dans toute la discussion menée par Jacobi qui se présente, en revanche, comme un authentique connaisseur. Bref, le dialogue nous apporte au bout du compte peu d'éléments tangibles susceptibles d'étayer et de faire comprendre le sens de l'aveu de Lessing. La querelle aurait-elle débuté sur un malentendu ?[14] »

La conviction de Jacobi que Lessing était spinoziste lui donna l'occasion de resserrer ses arguments contre Mendelssohn, mais ses attaques ne mirent Mendelssohn en danger « que sur le plan rhétorique, dans l'arène extérieure de la politique culturelle. Essentiellement, dans son for intérieur, Mendelssohn n'avait aucun mal à réfuter simultanément le christianisme de Lavater et la philosophie de la foi de Jacobi[15] ». En revanche, le dilemme que laisse sous-entendre Hegel — choisir entre le judaïsme et les Lumières — était beaucoup plus grave, comme l'a remarqué Yovel ; Mendelssohn ne pouvait abandonner aucun des deux, puisque son projet consistait à démontrer qu'il était possible de les associer. La position de Mendelssohn à l'égard de la philosophie de Spinoza était bien définie ; il pensait qu'elle était « un accomplissement héroïque » et que vilipender son œuvre, comme le faisaient philosophes et théologiens, encourageait l'athéisme et le mépris pour la Révélation. Un esprit impartial, pensait Mendelssohn, ne peut regarder Spinoza que comme « la personne injuriée et se mettre de son côté avec magnanimité[16] ».

Mendelssohn, face au prosélytisme de Lavater et de Jacobi, n'hésita pas à opposer judaïsme et christianisme. En réponse à la thèse de Jacobi qu'il faut faire un saut de la philosophie rationnelle à la philosophie de la foi, Mendelssohn remarque :

> « Votre *salto mortale* est une voie salutaire de la nature. Lorsque j'ai eu du mal à avancer dans la spéculation, à cause d'épines et de buissons, je cherche à m'orienter avec le *bon sens* et recherche au moins le chemin avec lequel je puis de nouveau avancer avec lui [...]. Mon credo est : ce que je ne peux penser comme vrai ne me tourmente pas comme un doute. Une question que je ne comprends pas, à laquelle je ne puis pas répondre, équivaut pour moi à aucune question. Je n'ai jamais eu l'idée de monter sur mes propres épaules pour avoir une vue plus dégagée. »

Cette dernière phrase est une référence au texte suivant de Lessing qui s'avère spinoziste :

> « C'est un des préjugés humains que de considérer la pensée comme ce qu'il y a de premier et de plus éminent et de vouloir tout déduire d'elle alors que tout, y compris les représentations, dépend de principes plus élevés. Étendue, mouvement, pensée, sont, c'est évident, fondés en une force plus haute qu'ils n'épuisent pas tant s'en faut. Elle doit être infiniment au-dessus de tel ou tel effet et ainsi il peut y avoir une sorte de plaisir qui non seulement dépasse toutes les idées, mais encore est entièrement en dehors de l'idée. Le fait que nous ne puissions rien en concevoir n'en supprime pas la possibilité. »

Mendelssohn jugea qu'il y avait de « l'humeur » dans ce texte de Lessing : « C'est une de ces cabrioles par lesquelles il fait mine de sauter pour ainsi dire par-dessus lui. » Jacobi, à son tour, sut tirer avantage de ce commentaire mais on peut dire que ce fut Mendelssohn qui, impassible et digne, domine cette rencontre à trois, ou même à quatre, car la philosophie de Spinoza y était foncièrement en jeu. Voici ce qu'il écrivit à Jacobi (dont les opinions exprimées dans ses lettres et ses livres provoquèrent l'exaspération, parfois la dérision de ses contemporains[17]) :

> « Il est tout à fait dans l'esprit de votre religion qui vous impose comme devoir d'abattre les doutes par la foi. Le philosophe chrétien doit avoir comme divertissement de taquiner le naturaliste, de lui préparer des doutes, qui comme des feux follets l'attirent d'un coin à un autre et se dérobent toujours à ses plus certaines préhensions. Ma religion ne connaît aucun devoir de supprimer des doutes de ce type par autre chose que la raison, ne commande aucune foi en des vérités éternelles. J'ai alors une raison supplémentaire de rechercher la *conviction*[18]. »

Mendelssohn tenait un raisonnement sans faille vis-à-vis de Jacobi, le philosophe, qui pensait qu'il n'y a pas de philosophie naturelle du surnaturel, que tout est révélation et que l'homme ne peut que la croire, voire la « pressentir ». Mendelssohn lui répondit :

> « [...] en ce qui concerne les principes et les vérités éternelles, je ne connais pas d'autre conviction que la persuasion par les principes de la raison. Le judaïsme ordonne de croire à des vérités historiques, à des *faits*, qui se fondent sur l'autorité de nos lois cérémonielles positives. L'existence et l'autorité du plus grand législateur doivent être reconnues par la raison et à cet endroit — selon les principes du judaïsme et les miens — il n'existe pas de révélation et de

> croyance. Le judaïsme n'est pas une religion révélée, mais une loi révélée. En tant que juif, j'aurais un motif supplémentaire de chercher ma persuasion par des principes rationnels[19]. »

Ce texte nous rapproche de la pensée de Spinoza et nous éloigne de la doctrine orthodoxe chrétienne qui voit dans les textes du Nouveau Testament le cadre de la religion révélée.

Après la mort de Mendelssohn, le 4 janvier 1786, la polémique sur sa personnalité, sa relation avec Lessing et sur le va-et-vient de Jacobi entre les amis et les ennemis de tous les trois ne fit que s'amplifier ; ce fut l'occasion de faire de Mendelssohn la victime du fanatisme, « assassiné par la médiocrité et l'indélicatesse de Jacobi, symbolisant toutes les forces obscurantistes, antirationnelles [on était en pleine *Aufklärung*] et judéophobes[20] ». Mais on peut dire que le rationalisme éclairé de Mendelssohn avait désormais jeté les fondements spirituels de la civilisation de l'Europe moderne. La place qu'il occupe dans l'histoire du judaïsme il l'obtint non pas parce qu'il voulut être un philosophe du judaïsme mais parce qu'il fut obligé de définir ses croyances vis-à-vis de l'impertinence de ceux qui voulaient le convertir au christianisme et c'est à mon avis par sa réflexion philosophique qu'il réussit à donner au judaïsme un droit d'existence au centre de la culture occidentale.

Le judaïsme avait acquis avec Mendelssohn une nouvelle dimension face au christianisme, et la question de la *conversion* qui avait hanté les consciences religieuses aux premiers siècles de notre ère, puis à l'époque de l'Inquisition et même aux siècles modernes, ne devait plus se poser. Je dirais qu'on en avait fini définitivement avec la notion de « judaïsant ». Ce fut Mendelssohn qui, du haut de son prestige de philosophe auréolé du rayonnement de ses principes moraux, dit clairement à qui voulait l'entendre qu'une vraie frontière séparait le judaïsme du christianisme et que par conséquent la confusion de leurs croyances était à écarter.

Le judaïsme aux XVIIIe et XIXe siècles

La position philosophique à l'égard du judaïsme de Kant et de Hegel, qui appréciaient tous les deux l'honnêteté intellectuelle de Mendelssohn, n'est pas sans conséquence dans l'éclosion de l'antijudaïsme européen. Si pour Kant le judaïsme n'est aucunement une religion et n'incarne aucune spiritualité, pour Hegel le judaïsme est une énigme, comme l'a fait remarquer Yovel, et sa position même à l'égard de la religion chrétienne n'est pas exempte d'équivoque. Voici ce que le jeune Hegel écrit à la fin du traité sur « L'esprit du judaïsme » (qui sert d'introduction à *L'esprit du christianisme et son destin* dont il sera question plus tard) :

> « La tragédie du peuple juif n'est pas une tragédie grecque, elle ne peut éveiller ni la crainte ni la compassion, car celles-ci ne surgissent que du destin d'un faux pas nécessaire commis par un être beau ; [la tragédie du peuple juif] ne peut éveiller que le dégoût. Le destin du peuple juif est le destin de Macbeth, qui sortit de la nature même, s'attacha à des êtres étrangers et, à leur service, dut ainsi nécessairement fouler aux pieds et massacrer toute la sacralité de la nature humaine, être finalement abandonné par ses dieux — car ils étaient des objets, et lui était esclave — et être foudroyé dans sa foi elle-même[21]. »

Des paroles abominables et, plus tard, dans *La phénoménologie de l'esprit*, au cœur du long chapitre V sur « la certitude et la vérité de la raison », Hegel mentionne le judaïsme seulement une fois en passant, pour bien souligner son obsolescence. Le paragraphe suivant livre ses pensées de jeunesse :

> « [...] on peut dire du peuple juif que c'est précisément parce qu'il se trouve immédiatement devant la porte du salut, qu'il est et a été le plus réprouvé des peuples ; ce qu'il était censé être en soi et pour soi, cette auto-entité, il ne l'est pas à ses yeux, mais la repousse au-delà

> de soi ; par cette aliénation, il se rend possible une existence qui serait plus élevée s'il pouvait reprendre en soi son objet, que s'il était resté arrêté dans l'immédiateté de l'être ; parce que l'esprit est d'autant plus grand qu'est plus grande l'opposition d'où il revient en lui-même ; mais cette opposition, il se la fait dans l'abolition de son unité immédiate et en aliénant son être pour soi. Simplement, si ce genre de conscience ne se reflète pas, l'élément médian où elle se tient est le vide désolant, dès lors que ce qui était censé le remplir est devenu un extrême figé[22]. »

Ici, Hegel semble vouloir dire que le judaïsme avait raté ses chances puisqu'il aurait pu bénéficier du défi que le christianisme lui avait lancé. Le lecteur ne trouvera aucune autre référence au judaïsme dans ce livre, et, quand Hegel écrit dans le dernier chapitre sur la religion (VII) que « le lieu de naissance de l'esprit en train de devenir conscience de soi » est le « point central » d'un « accouchement » où convergent « la souffrance et la nostalgie généralisées et dévorantes de la conscience de soi malheureuse », on ne pourra pas suivre Yovel qui pense que Hegel « brosse » ici une scène « de nativité » (Yovel met entre parenthèses : « la mangeoire de Bethléem ») qui permet d'assimiler « le judaïsme aux douleurs de l'enfantement de l'Esprit (et du christianisme) ». Et

Yovel continue : « Le judaïsme représente la peine et l'affliction d'où est né le Messie, le Christ, et à partir desquelles l'Esprit apparaît comme un sujet conscient de soi. Ainsi le judaïsme se voit-il, après tout, assigner un rôle majeur dans la *Phénoménologie.* » Cette interprétation du texte de Hegel est loin d'être convaincante ; après les textes que je viens de citer, il me paraît difficile de trouver une place pour le judaïsme dans le monde hégélien où philosophie spéculative et révélation religieuse sont intimement liées. À Berlin, dans les *Leçons de la philosophie de l'histoire*, Hegel est revenu au judaïsme et le ton est différent, « il hésite entre deux pôles opposés, et nous redécouvrons sous la surface la critique que les Lumières adressaient d'une manière générale à la religion, les accusations de peur, d'esclavage et d'aliénation désormais dirigées plus spécifiquement contre la religion juive[23] ». Dans les textes qui ont été rassemblés sous le titre de *La positivité de la religion chrétienne*[24], Hegel analyse d'un côté les efforts du Jésus historique pour convaincre les juifs que l'essence de la vertu qui a valeur aux yeux de Dieu ne se trouve pas dans la simple observance de la loi mosaïque et, d'un autre côté, soutient que les lois de Jésus ont quelque chose de positif, c'est-à-dire qu'elles tirent leur validité du fait que c'est Jésus qui les a décrétées, ce qui témoigne selon Hegel d'« une renonciation à ce qui appartient en propre à la nature humaine ». Jésus, en effet, demande que ses enseignements soient entendus non pas parce qu'ils sont adaptés aux besoins moraux de notre esprit, mais parce qu'ils relèvent de la volonté de Dieu ; les hommes devaient donc renoncer à leurs propres libertés natives et « se soumettre à une éternelle tutelle ». Toujours d'après Hegel, la positivité de l'enseignement de Jésus se fait ostensible du moment qu'il se présenta comme le Messie annoncé et voulut obtenir par ses miracles « la confiance et l'attention parmi les juifs incapables d'une foi conquise par eux-mêmes ». Hegel s'exprime clairement sur ce point : « Quoi qu'il en soit de ce que les adversaires du christianisme ont avancé contre la réalité du miracle et les philosophes contre sa possibilité, les uns et les autres n'en admettent pas moins que ces actes de Jésus étaient tenus par des miracles par ses disciples et amis, et cela nous suffira en l'occurrence. Rien sans doute n'a contribué autant que la croyance aux miracles à faire de la religion de Jésus une religion positive » (p. 40).

La vision que Hegel a de Jésus évolue vers la conviction que c'est Jésus lui-même qui « a semé les grains de sa "positivité", du fait qu'il a donné à son message rationnel une forme autoritaire qui s'oppose à son contenu ». Il y a certes quelque chose de hégélien dans cette disparité entre l'essence et sa forme effective, entre l'intention et la signification[25]. Dans *L'esprit du christianisme et son destin*, la pensée de Hegel se fraie un chemin à travers un texte de lecture difficile ; néanmoins, il fait preuve de discernement dans son commentaire à propos du Sermon sur la montagne en montrant que Jésus explique « sans ambiguïté à la foule des auditeurs qui l'écoutent, qu'ils doivent attendre de lui quelque chose de tout à fait étranger » et qu'il n'y a pas dans ce nouvel ordre des choses la suppression des lois existantes, mais leur accomplissement par une justice qui est plus complète « que la justice de ceux qui ne vivent que pour le devoir » (p. 129). Jésus annonça que le royaume de Dieu était proche, et « si l'étincelle de la vie avait dormi chez les juifs, elle n'aurait eu besoin que d'un souffle pour s'élever en une flamme qui aurait consumé tous leurs misérables titres et prétentions » (p. 217). Cela ne fut pas le cas, et c'est de ce rejet de Jésus par ses contemporains que découle l'antijudaïsme de Hegel.

Critiques et propos malveillants contre la religion juive ne pouvaient qu'encourager une réponse des intellectuels juifs. Walter Jacob, dans son livre *Christianity through Jewish eyes* (1974), et Guttmann, dans son *Histoire des philosophies juives*, en font état. Trois personnalités sont représentatives de ce mouvement que Guttmann englobe sous le titre de « L'idéalisme postkantien dans la philosophie juive de la religion », et Jacob sous celui de *The philosophical counterattack* : Salomon Formstecher (1808-1889), Samuel Hirsch (1815-1889) et Salomon Ludwig Steinheim (1789-1886). Guttmann observe que « la conscience religieuse de soi trouvait des bases solides dans la conviction que la religion juive représentait la vérité universelle de la religion éthique de la raison, sous sa forme historique la plus pure et la plus parfaite, et qu'elle constituait le noyau spirituel de la religion éternelle de l'humanité » (p. 381) mais, trois pages plus loin, en pensant à ces écrivains, Guttmann ajoute : « Si fortes que fussent les influences de l'école spéculative idéaliste, les penseurs juifs rejetèrent ces éléments de la philosophie religieuse idéaliste, dont ils pensaient qu'ils militaient contre la religion juive. La philosophie religieuse de l'idéalisme consista, pour ses réalisations les plus significatives et les plus influentes, en une déduction philosophique du christianisme », et Hegel voyait à juste titre dans la doctrine chrétienne de la Trinité « l'archétype de sa propre notion d'autodéploiement de l'Esprit et dans la notion chrétienne d'incarnation, l'immanence de l'Esprit infini dans l'Esprit fini ». On comprend pourquoi Formstecher pensait que le christianisme avait associé la religion de l'Esprit du judaïsme « avec la métaphysique du paganisme » (je dirais : avec des résidus polythéistes). Hirsch partagea en partie cette vision mais insista sur le rôle de Paul pour expliquer la rupture des premiers chrétiens avec le judaïsme : il y a des contradictions dans le christianisme paulinien — une contradiction entre la foi et la raison — qu'il faut surmonter si le christianisme veut apporter sa contribution à la religiosité du monde. Ici, Hirsch pense à une nouvelle ère, où un christianisme authentique pourra s'identifier avec le judaïsme ; c'est l'annonce d'un futur qui me paraît anticiper le message de Rosenzweig dans *L'étoile de la rédemption*. De son côté, Steinheim fait de la révélation le support de ses convictions religieuses et son opposition à l'attitude intellectuelle de Mendelssohn est ferme[26] ; son antirationalisme le différencie de Hirsch et de Formstecher quant aux présupposés de la doctrine juive mais il partage avec eux la manière de comprendre le contenu de l'enseignement du judaïsme. « Pour tous trois, résume Guttmann, l'essence du judaïsme consiste dans la croyance en un Dieu libre, spontanément créateur, qui transcende le monde, dans la liberté morale de l'homme et dans la communion morale de Dieu et de l'homme — communion qui survit à la mort de l'homme. Ils maintiennent tous fermement ces principes fondamentaux de la religion éthique personnaliste. »

La critique du christianisme de Benamozegh

Élie Benamozegh (1822-1900) est une personnalité qui, après Mendelssohn, mérite d'être prise en considération dans cette étude sur les rapports du judaïsme avec le christianisme ; à nouveau, c'est la position de l'intelligentsia juive qui nous intéresse davantage puisque celle de la pensée chrétienne est bien connue : elle relève de la conviction que la Bonne Nouvelle a été déjà annoncée de manière définitive, tandis que la réflexion de l'intellectuel juif peut nous aider à préciser davantage ce qui sépare fondamentalement les deux religions.

Benamozegh était un rabbin italien d'origine marocaine qui étudia les Évangiles, et son étude, très personnelle, dont je fais état ici, porte de manière particulière sur la morale telle qu'elle apparaît dans l'enseignement de Jésus. La première édition de son livre *Morale juive et morale chrétienne* date de 1867 : il soutient que, de tous les éléments qui ont contribué au triomphe du christianisme, le plus important est sa morale[27]. Le christianisme, d'après lui, n'hésite pas à affirmer que c'est par la sublimité de cette morale qu'on prouve le mieux sa propre divinité. Le christianisme se considère supérieur au judaïsme, ce qui revient à dire qu'il ne lui doit rien. Dans un texte qui ne manque pas de virtuosité dialectique, Benamozegh accuse le christianisme de suivre, malgré son démenti officiel, la doctrine de Marcion qui fait du Dieu des juifs et du Dieu des chrétiens deux êtres, et il lui reproche d'avoir mis à la place du Dieu des juifs, « le premier et le dernier » du monde et de la société (selon la phrase d'Isaïe, 44, 6), un Dieu qui se manifeste par son Verbe extérieur à qui le christianisme attribue une « perfectibilité ». Le christianisme a en effet enseigné que « la parole de Dieu est susceptible de perfectionnement progressif, qu'elle se plie aux situations, aux mœurs, voire aux faiblesses des hommes ; il a mis en Dieu la flexibilité de Paul qui se fait juif aux juifs, gentil aux gentils ; les ignobles condescendances des jésuites aux idolâtres chinois ; il a fait un dieu à son image, comme les dieux d'Homère, au lieu de faire l'homme à l'image de Dieu, comme enseigne Moïse[28] ».

La révélation chrétienne « émiette la vérité éternelle » qui est présente dans la révélation judaïque où se trouvent les promesses et les prophéties, la tradition sur laquelle se fonde le christianisme. Si on accepte, pense Benamozegh, qu'après la loi de Moïse il y a eu une autre loi qui l'a perfectionnée, comme le soutient le christianisme, on pourrait se demander pourquoi il faudrait accepter que l'Évangile ait épuisé la sagesse, la fécondité divine en condamnant la parole de Dieu à un silence éternel ; peut-être y aura-t-il de nouvelles révélations. La comparaison entre la loi de Moïse et celle de l'Évangile mène nécessairement à se prononcer sur l'excellence de l'une ou de l'autre. Or la comparaison n'est pas correcte, car la loi du judaïsme, la loi de Moïse, est divine donc parfaite, éternelle. Il faut tout de même, explique Benamozegh, bien distinguer dans le judaïsme la morale de la politique, le code de la religion, « le Juif d'avec l'Hébreu » — le membre de l'État gouverné par la dynastie judaïque d'avec l'Hébreu, fils d'Abraham, disciple et sectateur de sa foi, l'Hébreu par excellence ». Il accuse le christianisme de n'avoir pas compris cette distinction et d'avoir fondé la morale sur l'individu, c'est-à-dire sur une politique individuelle : « Les devoirs d'une nation pourraient-ils être compris à la manière des devoirs de l'individu, et au droit international pourrait-on jamais substituer avec succès l'*Imitation du Christ* ? » Benamozegh est très conscient de l'importance de l'État comme support ou garant de la Loi. Le christianisme exalte une fraternité universelle et non pas nationale ; le grand principe de la charité se serait annihilé lui-même pour n'avoir pas voulu faire sa part, sa légitime part au principe de la justice. L'analyse des deux religions conduisit Benamozegh à distinguer, très justement, deux manières différentes d'être dans le monde, l'une selon une loi divine nationale qui fonde la justice et couvre l'individu, l'autre selon une conscience individuelle qui incite la personne à s'épanouir dans la charité, créant ainsi sa propre destruction puisque l'idée de justice lui échappe complètement. Par là, Benamozegh comprend une structure nationale avec sa loi, la loi de Moïse. À la différence d'Israël qui est né comme une théocratie — les livres des Rois le prouvent —, le christianisme est une religion dont la loi était le dogme, le culte. Le christianisme n'était qu'une religion. Il « ne crut pouvoir rien faire de mieux que d'occuper lui-même le trône, que de saisir lui-même le sceptre de la justice, c'est-à-dire de mettre ses dogmes, son culte, ses lois, au sommet des pouvoirs publics ; en d'autres termes, d'employer la loi, l'État, la royauté, au service de sa religion, de mettre ses dogmes au niveau des institutions politiques, le culte à la place des devoirs nationaux et la morale à l'égard des vertus publiques ; en un mot, de remplacer le citoyen par la conscience[29] ». Ces observations me paraissent très justes. Il est bien regrettable que la comparaison que Benamozegh fait entre le judaïsme et le christianisme n'ait pas été mise en valeur par ceux qui s'intéressent à l'histoire des religions.

Benamozegh poursuit ainsi sa pensée : étant donné le caractère polythéiste de leur religion, les Romains ne pouvaient pas refuser l'acceptation d'un nouveau culte, celui des chrétiens, et ceux-ci surent en profiter en s'intégrant dans les structures de l'État jusqu'à conquérir le pouvoir. On pourrait penser que le christianisme n'était pas préparé pour ce monde. Il eut beau prédire la prochaine instauration sur terre du royaume de Dieu, mais dans l'attente de celui-ci, il fut obligé de se servir des institutions politiques de la société de son temps ; ce fut donc la raison qui façonna la morale, non pas les données d'une révélation divine. J'ajouterais volontiers que c'est là que le christianisme s'éloigne définitivement du message apporté par l'Évangile de saint Matthieu. Toutefois, on peut remarquer que la religion d'État des Hébreux (*respublica Hebraeorum*) dont parle Spinoza dans le chapitre XVII du *Traité théologico-politique* se différencie de l'enseignement moral du christianisme, lequel se détache de toute exigence politique particulière, car il a reconnu (Benamozegh l'oublie) les commandements comme des vérités éternelles et non pas comme des lois voulues par Dieu (chapitre IV du *Traité*) ; c'est un enseignement qui le libère de la loi mosaïque promulguée au Sinaï.

L'étude de Benamozegh ne peut pas ne pas rappeler les propos de Spinoza concernant l'Ancien et le Nouveau Testament, qui tournent autour d'une question très simple, la mission des prophètes et des apôtres. À propos des premiers, il écrit :

> « Dieu a adapté les révélations à la compréhension et aux opinions des prophètes, et les prophètes ont pu ignorer les vérités qui concernent la pure spéculation et non pas la charité et l'usage de la vie (*quae non charitatem et usum vitae spectant*) ; et de fait ils les ont ignorées, et ils ont eu des opinions opposées. C'est pourquoi il s'en faut de beaucoup que l'on doive chercher chez eux la connaissance des réalités naturelles et spirituelles. Nous concluons donc que nous ne sommes tenus de croire les prophètes que sur la fin et la substance de la révélation ; pour le reste, chacun est libre de croire ce qui lui convient » (II, 19, p. 143).

En contraste avec l'enseignement limité des prophètes, les apôtres jouissaient d'une grande liberté d'action ; qui plus est, chez eux, Écriture sainte et philosophie sont liées : « Les apôtres, dit Spinoza, n'avaient pas reçu seulement la puissance de prêcher la vie du Christ en tant que prophètes, en la confirmant par des signes, mais encore l'autorité d'enseigner et de conseiller par la méthode que chacun jugerait la meilleure. » Ainsi, Paul, dans ses épîtres, montre qu'il avait reçu le don de la prophétie mais qu'il « disposait d'une grande liberté » dans son enseignement, et l'Écriture établit clairement (*clare constat*) que chacun des apôtres avait choisi une méthode d'enseignement particulière, celle qui lui paraissait la meilleure. « Il ne fait aucun doute que c'est de cette diversité de fondements sur lesquels les apôtres ont établi la religion qu'est née la multitude de disputes et de schismes par lesquels l'Église a été, depuis le temps des apôtres, indéfiniment tourmentée. » La division existera *in aeternum*, « à moins que la religion ne se sépare des spéculations philosophiques et ne soit ramenée au tout petit nombre de dogmes extrêmement simples que le Christ enseigna aux siens » (XI, 7-9, p. 423-427).

Leo Strauss (1899-1973), que ces textes de Spinoza qui établissent des différences importantes entre prophètes et apôtres rendaient perplexe, a essayé avec difficulté de prouver que Spinoza ne pouvait pas réduire l'enseignement des prophètes de l'Ancien Testament. Pour Spinoza, dit Strauss, « la connaissance de Jésus était de toute nécessité purement rationnelle, par le fait que Jésus fut envoyé pour instruire l'ensemble du genre humain et qu'il a dû par conséquent se conformer aux opinions communes à tout le genre humain, autrement dit aux principes fondamentaux de la raison ; tandis que les prophètes de l'Ancien Testament devaient seulement se conformer aux opinions des juifs, autrement dit à un ensemble de préjugés particuliers. Ou plus précisément, alors que les prophètes de l'Ancien Testament étaient eux-mêmes prisonniers des préjugés populaires, Jésus et les Apôtres ont seulement adapté librement l'expression de leurs pensées rationnelles aux préjugés populaires ». Et Strauss explique :

> « L'enseignement rationnel que Spinoza semble avoir sérieusement attribué à Jésus n'était guère plus que la morale rationnelle. Cependant, il ne se tient pas rigoureusement à l'affirmation selon laquelle Jésus a découvert ou prêché pour la première fois le véritable enseignement moral. Pour ne rien dire du fait que cet enseignement est, par nature, toujours accessible à tous les êtres humains, il était assurément connu et prêché par les prophètes et les hommes sages de l'Ancien Testament. L'enseignement caractéristique de Jésus ou du Nouveau Testament en général n'est pas la morale rationnelle elle-même, mais sa combinaison avec une "histoire" permettant de la prêcher aux peuples de toutes les nations. En d'autres termes, la substance de l'enseignement des deux Testaments est identique. Ils ne diffèrent que sur ce point : les prophètes de l'Ancien Testament prêchaient ce même enseignement en vertu du Pacte mosaïque, et par conséquent ne l'adressaient qu'aux juifs, alors que les Apôtres le prêchaient en vertu de la Passion de Jésus, et

l'adressaient par conséquent à tous les hommes[30]. »

Toutefois, Spinoza montre bien dans son *Traité* qu'il n'a pas de parti pris pour relever ici et là l'importance du christianisme et que les contradictions (dont l'accuse Strauss) que ses lecteurs pouvaient trouver, ou trouveraient dans le futur, chez lui ne le détournaient pas de sa ligne de pensée. En l'occurrence, les exemples que Spinoza tire des Épîtres du Nouveau Testament sont convaincants ; le texte suivant de Paul par exemple illustre la force de ses convictions personnelles : « J'ai pris grand soin de prêcher là où le nom du Christ n'avait pas été invoqué, pour ne pas bâtir sur un fondement étranger », c'est-à-dire sur des fondations posées par autrui (Romains, 15, 20).

Benamozegh a découvert, dans son analyse des conditions dans lesquelles vit l'homme d'après le récit de la Genèse, deux manières bien différentes de concevoir la vie sur terre. Son analyse est moins naïve qu'elle ne le paraît, en fait, elle invite sérieusement à penser que le « judéo-christianisme » est bien une notion creuse. L'auteur, toujours dans son style homilétique — il vit en plein XIXe siècle —, essaie de comprendre ce qui sépare le christianisme du judaïsme, conscient que l'assemblage est impossible. Le Verbe, le *Logos* éternel, devient chair et s'offre en expiation du péché : toute l'humanité souffre en lui ; néanmoins « incarnation, sacrifice, vertu, mérite, réparation » du Verbe incarné restent extérieurs à l'homme, lui sont seulement imputés ; en revanche, dit Benamozegh, par la Loi du Sinaï, « les Israélites furent lavés de l'antique souillure contractée par nos premiers parents ». Ils n'ont pas besoin de la rédemption chrétienne, qui d'ailleurs « produit infailliblement » « l'engourdissement de nos facultés morales »[31]. Un engourdissement qui conduit Benamozegh à entrer dans « le sanctuaire de la conscience » et à demander au christianisme ce qu'il a fait du libre arbitre. La question est complexe parce qu'elle soulève le problème de la liberté et là se révèlent les principes de la conscience morale. La notion d'une liberté intérieure dégagée de la politique, voire de la société, est d'une certaine manière une découverte chrétienne puisque la liberté dans l'Antiquité grecque et romaine fut un concept exclusivement politique, quintessence de la cité et de la citoyenneté. Hannah Arendt écrit : « Notre tradition philosophique de pensée politique, qui commence avec Parménide et Platon, fut fondée explicitement en opposition à cette polis et à sa citoyenneté. Le mode de vie choisi par le philosophe fut compris en opposition au *bios politikos*, au mode de vie politique. » La liberté ne pouvait pas entrer dans le cadre de la philosophie grecque. Ce ne fut que lorsque les premiers chrétiens découvrirent « un genre de liberté qui n'avait aucun rapport avec la politique » que le concept de liberté devint l'un des problèmes majeurs de la philosophie. La liberté, alors, « fut expérimentée comme quelque chose qui se produisait dans le rapport entre moi et moi-même, et hors du rapport entre les hommes[32] ». C'est dans son for intérieur que l'homme avec son libre arbitre doit choisir entre deux options, c'est alors que se configure pour lui l'alternative de choisir entre le bien et le mal et que, d'emblée, les philosophes chrétiens se posent la question *théologique* de la cause qui pousse l'homme à l'acte : la réponse est qu'il ne se détermine au bien, à la vertu, que par une aide du Ciel qui l'y dispose. Banamozegh rappelle que c'est la conclusion du concile d'Orange, en 529, contre les semipélagiens (p. 80). Le judaïsme, explique-t-il, accepte, bien entendu, l'action de Dieu sur la liberté de l'homme, mais « l'initiative de toute vertu, le commencement de toute bonne œuvre, [...] la première aspiration vers la vérité, c'est du cœur de l'homme qu'ils doivent jaillir ». Une vision du monde bien différente sépare donc juifs et chrétiens. « S'il y a quelque chose de démontré dans les Évangiles, explique Benamozegh, c'est que le nom de *monde* y figure invariablement comme synonyme de vice, de mal, de péché. Pouvait-il en être autrement pour une religion qui se disait dépaysée ici-bas, qui s'écriait elle-même : "Mon royaume n'est pas de ce monde" ? »

On a pu constater que Benamozegh se réfère souvent aux Évangiles et à l'enseignement que l'on peut en tirer. Il ne fut pas le premier à s'intéresser à l'enseignement de Jésus. Après Mendelssohn, qui fut le premier d'une longue série d'intellectuels juifs à s'occuper de la figure historique de Jésus, peut-être à cause de sa polémique avec Lavater, on peut mentionner Joseph Salvador, né à Montpellier en 1796 dans une famille juive. Il se consacra entièrement à l'histoire du peuple hébreu, après avoir laissé de côté une brillante carrière de médecin. Jésus et sa doctrine furent au centre de ses études, qui lui permirent de donner au christianisme naissant sa place dans l'histoire du Ier siècle : Jésus y joue son rôle et Salvador devient le premier biographe moderne de Jésus parmi les auteurs juifs[33]. Plus tard, un théologien juif, Claude Montefiore (1858-1938), deux siècles après Spinoza, voit Jésus comme un prophète dans la ligne des prophètes hébreux. Montefiore a beaucoup insisté sur le fait que la personne de Jésus, ses actes et ses paroles constituaient un tout original riche de doctrine, mais sans comparaison bien entendu avec la richesse spirituelle qu'apportait à l'homme l'Ancien Testament. Montefiore était un juif libéral et il ne pouvait voir qu'avec sympathie le fait que Jésus, sans abandonner la Loi, voulut toujours faire prévaloir son enseignement prophétique. Walter Jacob a très justement dit que Montefiore voyait en Jésus la grandeur du personnage et que le moment était arrivé pour les juifs de lire le Nouveau Testament, mais Montefiore refusa de le présenter aux côtés de l'Ancien. Comme Benamozegh, il soulignait les divergences entre les deux Testaments, c'est-à-dire entre judaïsme et christianisme, mais son fort penchant pour les évangiles provoqua toujours l'irritation des traditionalistes[34]. Non moins forte fut la critique contre le livre de Joseph Klausner (1878-1958) sur Jésus dans lequel l'auteur a utilisé des matériaux tirés du Talmud et du Midrash, un livre que Hans Küng considère comme le point de départ des études hébraïques modernes sur la vie de Jésus[35]. L'intérêt de quelques intellectuels juifs de la fin du XIXe siècle et des premières décennies du XXe siècle pour la personne de Jésus n'est pas négligeable, mais cet intérêt s'arrête à sa personne ; le Jésus des Évangiles n'est pas le christianisme. Spinoza en revanche avait donné une vision du Christ où personne et message se confondaient : « Le Christ ne fut tant un prophète que la bouche de Dieu » : il a perçu « véritablement et adéquatement les choses révélées. Si donc le Christ les a parfois prescrites à titre de lois, c'est en raison de l'ignorance et de l'obstination du peuple[36] ».

La réflexion, qui devint parfois une confrontation intellectuelle entre juifs et chrétiens, prit un élan nouveau avec l'arrivée sur la scène académique de Hermann Cohen et de ses disciples ; les contributions majeures que Kant et Hegel avaient faites dans le camp de la philosophie furent à vrai dire à l'origine du changement ; dès lors, l'attitude des nouveaux philosophes juifs à l'égard du christianisme ne pouvait qu'être complexe, mais elle fut aussi et est toujours enrichissante.

Hermann Cohen (1842-1918)

Fondateur de l'école de Marbourg, Hermann Cohen y développa un vaste système philosophique d'inspiration néokantienne d'où la religion, au premier abord, était absente, mais son attachement au judaïsme ne le quitta jamais et dans son dernier livre, posthume, *Religion de la raison tirée des sources du judaïsme*[37], il y revient. Les années 1878-1900, que l'historien russe Simon Doubnov analyse en détail dans son *Histoire moderne du peuple juif*[38], furent critiques pour Hermann Cohen et, en général, pour le judaïsme allemand qui, d'après Doubnov, avait toujours affiché ostensiblement sa solidarité nationale et politique avec le peuple allemand. Ce fut une époque de virulence antijuive. La fusion des États allemands en un grand empire militaire dominé par la Prusse avait renforcé à l'extrême le principe de l'unitarisme national et politique. Les catholiques, sous Bismarck, durent se résigner aux restrictions imposées à leurs droits en matière civile et religieuse tandis que les libéraux allemands, et les juifs à leur exemple, affichèrent de la sympathie pour le « Kulturkampf », dans lequel ils virent un effort tendant à assurer le triomphe du principe laïque sur le principe religieux, sur le cléricalisme. Ce fut l'unité politique qui à la longue réveilla de manière frappante la question de l'émancipation complète des juifs qui considéraient comme de leur devoir de soutenir le nouveau régime. Les écrits de Henri Treischke, pour qui la présence des juifs dans la vie politique et culturelle du pays représentait un danger incontestable pour l'unité nationale, déclenchèrent une polémique politique et religieuse[39]. Face à l'antisémitisme ambiant, la hiérarchie juive conseilla « l'abstention de toute révolte contre leurs concitoyens chrétiens » en priant les juifs de ne pas se laisser décourager ; ils étaient exhortés à être à la fois de « loyaux Allemands » et des fils dévoués de la synagogue. Mais se produisit aussi de la part de certains intellectuels juifs une réfutation de cet « aveu de faiblesse », puisqu'ils se sentaient comme étant plus allemands que juifs. Le professeur de philosophie Moritz Lazarus (1824-1903), de Berlin, devint le champion de ce mouvement qui professait « un renoncement explicite à la nationalité juive[40] ». L'opinion de Doubnov ici est très pertinente, car c'est dans ce milieu qu'œuvre Cohen : « Ces hommes doivent être considérés, non comme des renégats, mais comme des *marranes nationaux*. Dans l'Espagne du Moyen Âge, sous la pression de l'Église d'État une et indivisible, de nombreux juifs furent obligés de prendre le masque chrétien : c'étaient des *marranes religieux*. Dans l'Allemagne du XIXe siècle, pour complaire à la nation d'État une et indivisible, de nombreux juifs crurent devoir s'affubler du masque national allemand : nous les appelons *marranes nationaux*. Mais si les marranes du Moyen Âge pouvaient invoquer, pour leur justification, la tyrannie de l'Église et les persécutions de l'Inquisition, les marranes nationaux de l'Allemagne moderne peuvent invoquer à titre de circonstance atténuante le fait qu'en raison du processus d'assimilation qui se poursuivait avec une force irrésistible et sans arrêt ils en étaient arrivés à ne plus distinguer entre le masque de la nation étrangère qui couvrait leur visage et ce visage même. Ce fut à la faveur de cette aberration intellectuelle qu'un Moritz Lazarus put déclarer que lui et ses semblables se sentaient, au point de vue national, "Allemands et rien qu'Allemands". Il est difficile d'admettre que des hommes comme Lazarus et Hermann Cohen n'aient pas éprouvé, dans leur for intérieur, malgré leur amour pour le germanisme, un sentiment, beaucoup plus profond et plus naturel, de solidarité avec leur peuple d'origine et qu'ils aient été inconscients au point de renier toute la série de générations qui s'enorgueillissaient d'avoir, tout le long de l'histoire de l'humanité civilisée, vécu et combattu sous leur propre drapeau. » Ces intellectuels n'étaient pas religieux et, en tant que libres penseurs, n'appréciaient dans le monothéisme juif que ses doctrines morales[41]. Résumant en partie la pensée de Lazarus, Doubnov dit qu'en tant qu'Allemands confessant la religion juive les juifs devaient adopter à l'égard de l'Allemagne protestante la même attitude que les catholiques[42].

Sa condition de figure prééminente dans le champ de la philosophie allemande ne semble pas avoir empêché Hermann Cohen de manifester publiquement son lien au judaïsme. Sa position à l'égard de la culture allemande était claire : si Philon avait réussi à concilier la doctrine religieuse juive avec la philosophie grecque et Maimonide avec la philosophie grecque et arabe, pourquoi refuserait-il de se laisser pénétrer par l'esprit allemand : « Si ainsi que nous le faisons depuis Moïse Mendelssohn, nous pensons en Allemands dans toutes les choses de l'esprit, pourquoi empêcherions-nous l'esprit allemand de pénétrer aussi dans notre foi, pourquoi refuserions-nous de l'accepter comme un des facteurs déterminants du contenu de cette foi ? » Il est donc clair que l'idéal de Cohen était un syncrétisme judéo-germanique.

À Berlin, après avoir quitté sa chaire de philosophie de Marbourg, Cohen consacra les six dernières années de sa vie (1912 à 1918) à la réflexion sur le sens philosophique de la religion juive. Dans ces années qui « se confondent avec les tumultes du premier conflit mondial », Cohen pense à l'élaboration d'une philosophie de la religion « sans équivalent depuis celles de Hegel et Schelling », tout en ayant le souci « de porter l'idéal de “symbiose” judéo-allemande jusqu'à la défense de la nation en guerre[43] ». Dans la *Religion de la raison*, Cohen retrouve les sources juives de sa vie spirituelle, un retour qui devint très significatif « pour une génération souvent inquiète devant le comportement de ses pères vis-à-vis de la société et de la culture allemandes ». Si on se rappelle les difficultés que Mendelssohn avait eues pour sauvegarder son héritage spirituel à l'époque des Lumières, on comprendra que Bouretz a raison de dire que Cohen s'en tira mieux devant ses auditeurs berlinois[44]. On n'était plus dans les années 1880, époque où un homme libéral comme Theodor Mommsen, qui était loin d'être un Lavater, invitait les juifs à se fondre dans la nation allemande et les libres penseurs juifs à se convertir au christianisme, l'argument de Mommsen étant, nous dit Doubnov, que « le christianisme ne signifie plus aujourd'hui ce qu'il avait signifié autrefois : ce n'est plus qu'un terme servant à désigner la civilisation européenne, et celui qui adhère à cette civilisation doit, s'il veut s'épargner une situation équivoque, adhérer également, ne serait-ce qu'en principe, au christianisme ».

Cohen n'a jamais dû se demander s'il était assimilé pleinement ou pas au milieu religieux et culturel allemand. Il y a cependant dans l'analyse que fait Cohen des sources du judaïsme un mélange de « deux langues différentes : celle de l'Ancien Testament, commune à l'humanité occidentale, et celle de Kant, *maternelle* pour le philosophe » ; développant cette idée qui recoupe l'opinion de Franz Rosenzweig sur la conduite de Cohen, Bouretz dit que Cohen à la fin quitta « le sol kantien presque par mégarde, pour découvrir une terre inconnue : celle où le sujet se constitue moins par référence à la loi morale que dans sa relation à autrui ; celle où la moralité cesse de prioritairement se définir comme expression d'une autonomie abstraite, pour se réaliser à travers l'intersubjectivité ». Cohen s'éloigne donc de l'éthique kantienne et, dans ses dernières études, « soustrait la moralité au simple respect de la loi, pour accorder un droit inédit aux différentes figures de l'altérité ». L'intersubjectivité, l'« altérité » ainsi conçue, n'ira guère plus loin que la charité, ou la pitié : elle restera dépourvue de transcendance. Je pense aux deux catégories dans lesquelles peuvent être réparties les philosophies morales dont fait état Bernard Williams : celles qui recourent à la transcendance, là où la vie humaine est au-delà du monde empirique, et celles qui n'y recourent pas. L'homme doté d'une libre volonté d'action, autonome, avec une raison pratique qui « est censée organiser la cohérence et réduire les conflits entre les désirs des individus vivant (comme l'homme doit vivre) en société », appartient à la seconde catégorie tandis que dans la première, celle qui recourt à la transcendance, nous devons placer l'homme qui est au centre du monde, là où il trouve sa raison d'être et « des fins qui sont véritablement les siennes et qu'il devrait réaliser » ; les notions de Dieu, bon et créateur, et de l'homme, sa créature, apparaissent alors d'emblée. Or, « même si l'existence de Dieu était établie, ce fait ne pourrait en principe fournir aucun *motif* recevable ou approprié en faveur de la conduite morale, qui eût manqué en l'absence de Dieu ». L'existence divine ne change donc en rien « ce qu'est la morale aux yeux d'un théoricien de la morale réfléchissant sainement ». Williams conclut que ce point de vue doit beaucoup à Kant, qui a fait un exposé clair des principes « concernant la *pureté* essentielle des motivations morales[45] ». Pour Cohen, cependant, « le souhait de montrer que la relation éthique qui unit soi et l'autre dans le domaine de l'intersubjectivité réalise un lien entre l'homme et Dieu susceptible d'être connu dans l'ordre de la religion[46] ».

Dans l'introduction au livre de Cohen, *Begriff der Religion im System der Philosophie* (« Le concept de religion dans le système de la philosophie »), qui est paru en français sous le titre *La religion dans les limites de la philosophie*, les traducteurs remarquent qu'il s'agit d'un livre « charnière » où la philosophie religieuse de l'auteur s'« émancipe » de son propre système[47]. Ils ont raison de parler d'émancipation, mais Cohen, en réfléchissant sur le judaïsme, ne me semble pas abandonner son postkantianisme, comme le montre l'analyse suivante : judaïsme et christianisme, dit-il, se scindent dans leur conception de la religion. Dans le monothéisme pur qu'est le judaïsme, « le Dieu de la grâce et du pardon n'a d'autre sens que d'être la garantie du but, du succès, de la victoire de l'effort moral sur lui-même qu'accomplit l'homme. La corrélation est là clairement structurée : d'une part, l'homme, l'individu dans son isolement, et, d'autre part, Dieu dans son unicité ». L'homme se suffit pour affirmer son caractère humain, et « cette suffisance repose sur la moralité autonome de l'homme, à laquelle donne son contenu, et non sa limite, le but vers lequel, comme toute activité humaine, celle-ci doit aussi nécessairement tendre ». Dans le christianisme, en revanche, on découvre une certaine « équivocité panthéiste », une remarque qui me paraît être en accord avec la pensée de Benamozegh. Les « compétences » de Dieu et de l'homme se confondent, « les concepts se restreignent mutuellement » : le concept de Dieu perd sa transcendance et son univocité, et le concept éthique d'homme devient lui aussi imprécis parce que la frontière entre éthique et religion l'est. La théologie chrétienne peut en conséquence affirmer que l'humanisation d'un Dieu rédempteur entraîne la « compétence » de l'homme « en matière de rédemption » ; il ne peut donc se sauver seul. Je crois que cette partie du livre de Cohen sur la religion et l'éthique souligne clairement les données qui séparent les juifs des chrétiens non pas seulement pour Cohen mais pour celui qui réfléchit à l'histoire religieuse de l'Occident. Cohen dit que rédemption et libération doivent être distinctes, et à l'encontre de la pensée chrétienne, qui soutient le rôle œcuménique du Fils de Dieu, il écrit : « Seul l'effort que représente la libération incombe à l'homme, car son résultat, la rédemption, reste hors de portée de son être, de sa vocation, de son concept. Elle seule relève de Dieu, et ne dépend que de lui. La libération n'en est que la condition nécessaire, mais elle n'y contribue pas comme si elle était de même nature[48]. »

L'envergure intellectuelle de Hermann Cohen a joué un rôle de premier ordre dans l'œuvre de Franz Rosenzweig, et les études récentes de Peter Eli Gordon et de Bouretz sont particulièrement importantes à ce sujet[49]. Rosenzweig put découvrir dans la critique acerbe que Cohen avait faite de Spinoza « la signature du temps » : « le temps judéo-allemand d'un conflit en passe de s'ouvrir à nouveau ; mais également le temps proprement juif de lectures antagonistes du *Traité théologico-politique*, entre le judaïsme "religieux" et le judaïsme "national"[50] ». La discussion sur le christianisme intervient chez Cohen lors de son *affrontement* avec la philosophie de Spinoza ; en outre, la doctrine paulinienne lui permit de mettre en évidence l'écart qui séparait le christianisme de la Loi. Cohen, bien entendu, s'intéressa beaucoup plus au christianisme qu'à la personne de Jésus, un choix compréhensible puisque, selon lui, les évangélistes avaient voulu idéaliser Jésus en l'opposant trop rudement aux juifs et à leurs pratiques. D'après Cohen, il y avait chez Spinoza la volonté d'affirmer la supériorité du christianisme sur le judaïsme. Le philosophe hollandais, en effet, affirme dans le premier chapitre de son *Traité* que « Moïse parlait avec Dieu face à face, comme un homme à son compagnon » tandis que le Christ, lui, « communiquait avec Dieu d'esprit à esprit », ce qui invite à conclure que la sagesse de Dieu « a revêtu dans le Christ la nature humaine, et que le Christ a été la voie du salut ». Cohen a réfuté systématiquement cet argument : en revenant sur la théorie des sources, il soutient que « la Torah orale représente un perpétuel enrichissement de la Torah écrite. Insistant sur la manière dont la première interprète la seconde en raison, elles s'appliqueront à arracher la doctrine du judaïsme à la thèse spinoziste de son dépassement chrétien[51] ». Pour Cohen l'inspiration « panthéiste » de la doctrine chrétienne de la Trinité « réserve au judaïsme le rôle de défenseur d'une idée pure du monothéisme ». Puisque Spinoza adhère à une certaine forme de panthéisme, Cohen peut facilement exploiter cette concorde de thèses panthéistes. Enfin, c'est un Cohen attristé qui livre la réflexion suivante à propos de Spinoza : « En ces jours où Rembrandt habite dans sa rue et éternise le type de juif dans son idéalité, Spinoza quant à lui, avec la dureté la plus dénuée d'amour, non seulement rend son peuple méprisable, mais encore mutile le Dieu *unique*, dont la confession fut la raison qui leur enjoignit, à son père comme à lui, de fuir le Portugal et l'Inquisition[52]. »

Franz Rosenzweig (1886-1929)

Rosenzweig est une figure majeure de la pensée juive allemande du début du XXe siècle. Dans un article qui porte en français le titre « L'Éternel », publié à l'occasion du centième anniversaire de la naissance de Mendelssohn, il livre quelques remarques à propos du monothéisme qui aident à éclairer le sujet qui nous occupe ici[53]. Du monothéisme biblique, Rosenzweig écrit en 1929 :

> « [Il] ne tient en rien à la connaissance de l'unité d'un être divin ; tel serait le cas, qu'il n'offrirait pas la moindre particularité : il n'y a pas de monde "païen" qui ne résumerait son "polythéisme", l'abondance de ses vécus religieux donc, dans l'unité d'une "dimension religieuse" au sens absolu, que ce soit dans une hiérarchie de dieux, dans un panthéon ou dans une identification aux dieux — et cela non pas quand apparaissent, plus tard seulement, les

philosophèmes religieux, mais dans une expérience religieuse authentique et originaire. Non, ce qui caractérise spécifiquement la foi en le Dieu de la Bible, c'est que, cette unité "païenne" — pour le dire avec le *Kusari* : le Dieu d'Aristote —, il la présuppose sans doute, mais qu'il connaît ce Dieu dans son unité avec celui de l'expérience la plus personnelle et la plus immédiate — pour le dire une fois encore avec le *Kusari* : le Dieu d'Abraham. L'"unité païenne" n'est donc pas là chose accessoire ; un dieu qui serait resté sectoriel (disons, le dieu d'une collectivité) et revendiquerait d'être "le dieu intégral" serait une idole, inapte à se fondre avec le "Dieu d'Abraham" [...] ; cette unité des univers païens ne reçoit sa pointe de monothéisme, pour ainsi dire, que moyennant l'intégration unitaire par les juifs du Dieu lointain avec celui proxime, du Dieu "intégral" avec le Dieu "propre à chacun". Cet alliage seul est l'"essence du judaïsme" et aussi, par le biais du dogme de la Trinité, même si fortement faillée et menacée de rechute par clivage (temps d'avant le judaïsme, monde extérieur au judaïsme), l'essence du christianisme [...]. Et cette intégration est le noyau de la révélation biblique, ce qui fait d'elle la Bible juive ; et ce qui distingue la Bible juive de l'"Ancien Testament", c'est que, à partir du Nouveau Testament, le Dieu de l'"Ancien", par rapport au "Père de Jésus-Christ", est trop facilement reconduit en quelque sorte au "Dieu d'Aristote"[54]. »

Ce long, et dense, paragraphe est riche de nuances. Le monde païen avec « ses vécus religieux », le dieu du judaïsme vu à travers Abraham (et plus tard, comme l'expliquera Rosenzweig, à travers la révélation faite à Moïse) et le christianisme avec son penchant aristotélicien sont trois réalités qui se côtoient sans qu'elles parviennent à bien s'accepter. Le judaïsme et le christianisme ont « renouvelé » la révélation faite à Adam, le paganisme de son côté a oublié ou renié cette révélation faite à Adam, « qui était tout aussi peu païen que juif ou chrétien ». Or, remarque Rosenzweig :

> « Aucun chemin ne part du Sinaï ou du Golgotha, sur lequel on pourrait à coup sûr rencontrer Dieu qui ne peut pas davantage refuser d'aller à la rencontre même de celui qui le cherche sur les sentiers muletiers de l'Olympe. Aucun temple n'est assez proche de lui pour que l'homme puisse se rassurer à l'idée d'une telle proximité, aucun n'est assez éloigné que son bras ne soit capable d'atteindre aisément ; aucun horizon dont il ne puisse venir, aucun d'où il soit contraint de surgir ; aucun bout de bois où il ne choisirait une fois d'élire domicile, aucun psaume de David qui jamais ne parviendrait à son oreille[55]. »

Il y a dans ce texte (lu une fois, relu), comme en général dans l'écriture de Rosenzweig, une force littéraire qui reflète bien la tension d'esprit de l'auteur, qui, comme l'a remarqué Paul Ricœur, « ne se borne pas à maintenir dans un combat amoureux l'être juif et l'être chrétien ; il veut penser les raisons de leur irréductible dualité et de leur finale convergence utopique[56] ». Et il est certain qu'à cheval sur cette utopie, d'une manière fort originale, quitte à s'embrouiller parfois dans des notions contradictoires, Rosenzweig soutient que l'homme d'aujourd'hui doit trouver en lui une force qui puisse le mener au-delà de toute considération historique. C'est dans l'expérience d'une clarté ultime que les trois concepts fondamentaux de Dieu, du monde et de l'homme apparaissent. Grâce à cette expérience, on abandonne ces *objets* premiers de toute philosophie et on découvre dans l'homme rien d'autre que de l'humain, comme on découvre exclusivement du mondain dans le monde et du divin chez Dieu. Chaque concept est lui-même un être, une substance qu'il faut regarder non pas dans le cadre de la philosophie du Moyen Âge mais dans celui de la nature et d'une cosmologie, que Rosenzweig explique en pensant à Spinoza[57]. Mais, à l'arrière-plan, Rosenzweig pense à l'expérience de la révélation de Dieu faite à l'homme ; il pense à mon avis au texte biblique autant qu'à l'enseignement chrétien sur la mission rédemptrice du Christ. Dieu se manifeste dans sa création, puis dans la révélation — qui entraîne chez chacun le dialogue : Lui et moi, moi et l'autre ; une expérience fondatrice du rapport religieux[58] — enfin survient la Rédemption. En Lui convergent passé, présent et avenir. Ces trois « êtres » sont toujours présents dans l'esprit de Rosenzweig et grâce à eux juifs et chrétiens pourront vaincre le temps. L'expérience de la Révélation, au centre de ces trois « êtres », peut avoir lieu dans n'importe quelle situation historique, et c'est pour cette raison, je crois, que Rosenzweig affirme qu'il faut surmonter le temps.

Je viens de faire allusion à la thèse que Rosenzweig développe amplement dans son *Étoile de la rédemption.* Conçu entre 1917 et 1918 dans les tranchées des Balkans, quand il servait dans les rangs du corps expéditionnaire allemand, le livre fut rédigé entre juillet 1918 et février 1919, et publié à Francfort-sur-le-Main en 1921. Stéphane Mosès, un bon connaisseur de l'œuvre de Rosenzweig[59], remarque que *L'étoile de la rédemption*, qui passa presque inaperçu lors de sa parution, « a comme toile de fond l'écroulement, dans le feu et dans le sang, de l'Europe traditionnelle et des valeurs qu'elle incarne. Quelques mois auparavant, Rosenzweig avait publié, sept ans après l'avoir terminée, sa thèse de doctorat, *Hegel et l'État*, dans laquelle il reconstruisait minutieusement la genèse et les différentes étapes de la pensée politique de Hegel.

Mais dans l'intervalle sa vision du monde et en particulier son attitude vis-à-vis de Hegel avaient radicalement changé. Ce qui l'avait amené à rompre brutalement, non seulement avec la pensée politique de Hegel, mais surtout avec sa philosophie de l'histoire et avec la métaphysique qui la sous-tendait, avait été l'expérience directe de la guerre[60] ». Or, même si Rosenzweig a pu vouloir supprimer tout lien avec la philosophie de l'histoire de Hegel, quelques-unes de ses affirmations me semblent être nettement redevables de la pensée hégélienne, par exemple le passage de la « créature » à la Création (voir chapitre II) ou le *dédoublement* de la conscience divine, celle d'un Dieu Rédempteur qui *est* la source dont « surgissent et la Création et la Révélation » (voir plus bas). D'autre part, la dimension historique que la théologie chrétienne si enracinée dans l'aristotélisme attribue à ces trois notions suffit pour bien la différencier de l'idéalisme de Rosenzweig.

La réflexion de Rosenzweig sur le judaïsme et le christianisme relève non pas d'une philosophie de la religion mais de la conscience de la temporalité dans laquelle nous sommes installés ; à partir d'elle, Rosenzweig raisonne sur les notions d'extra-historicité et d'extra-temporalité pour conclure que c'est là, dans un au-dehors du temps, dans une situation d'exception, qu'il faut placer le peuple juif. Cette idée d'un au-delà de l'histoire dans lequel se placent l'homme et son monde ne put qu'exaspérer Gershom Scholem, féru d'histoire juive, qui refusa en 1930 de traduire le livre de Rosenzweig en hébreu. David Biale, dans son étude sur Scholem, remarque que celui-ci voyait « un lien magique, voire démoniaque » entre *L'étoile de la rédemption* et l'esprit de la langue allemande, qui rendait le texte incompréhensible[61]. Certes, la lecture de cet ouvrage est difficile et déconcertante parce que, d'un côté, Rosenzweig décompose, dissèque, les trois éléments majeurs de son système philosophique, Création, Révélation, Rédemption — tout en montrant par la suite que les trois ne peuvent que s'impliquer mutuellement —, et, de l'autre, son attitude aprioriste, qui relève d'un certain mysticisme, rend vaine la recherche parce qu'on sait d'avance ce que chaque élément signifie et que la Rédemption doit nous mener sans faute vers l'épanouissement final :

> « Il s'agit donc de redonner tout son poids d'objectivité à la Création en la replaçant aux côtés de l'expérience de la Révélation ; et même davantage : il s'agit de réinsérer dans le concept de la Création la Révélation elle-même avec son lieu et son origine qui la relient au ferme espoir en la venue du royaume éthique de l'ultime Rédemption. »

La connexion entre les notions de Révélation et de Rédemption est ressentie aujourd'hui comme le véritable noyau de la foi ; à certains égards, de manière encore confuse, la Révélation et la Rédemption *sont Création*, et « c'est là qu'est le lien à partir duquel la philosophie peut construire à neuf tout l'édifice de la théologie[62] ». En intégrant ainsi la Création dans le monde actuel, le savoir se lie au passé, va au fond des choses. Reste toujours le sens à donner à la Rédemption. Un écart temporel doit séparer l'instant présent de l'instant de la Rédemption. Stéphane Mosès commente : « Tout l'effort de la pensée traditionnelle juive, depuis le Talmud jusqu'à la kabbale du XVIe siècle et ses prolongements, a consisté, dans le processus de sa réflexion sur l'idée messianique, à préciser la nature de cet écart : s'agit-il d'un passage soudain d'un état à un autre, ou d'une évolution progressive ? » Les réponses ont été diverses tout au long des âges, mais la réalisation effective de la Rédemption ne peut pas se passer de l'histoire ; or le refus de Rosenzweig d'inclure la dimension historique dans l'idée qu'il se fait du peuple juif l'oblige à dire que la relation du peuple à l'avenir est vécue sur le modèle d'une attente, tandis que le christianisme a « la tâche d'accompagner les nations dans leur acheminement historique jusqu'à ce point où le monde serait enfin mûr pour reconnaître dans l'existence collective juive le modèle déjà réalisé d'une humanité idéale ». Ici, c'est Stéphane Mosès qui interprète, à mon avis de manière juste, la pensée de Rosenzweig (p. 203). On peut déjà en conclure : (1) que le christianisme se pliera à la fin à un idéal juif et (2) que, pour le peuple juif (c'est Rosenzweig qui l'écrit), « l'éternité signifie qu'entre le moment présent et l'achèvement il n'y a pas de place pour le temps, mais que tout l'avenir peut déjà être saisi dans l'aujourd'hui ». Il existe à mon avis, dans les notions de Révélation et de Rédemption de Rosenzweig, l'écho du messianisme tel que le conçoit Cohen bien qu'il parle d'une évolution historique qui, comme l'a écrit Bouretz, justifierait l'interprétation du messianisme dans la perspective d'un socialisme éthique plutôt que du sionisme[63].

La thèse de Rosenzweig sur le judaïsme fait état du peuple juif lui-même : il est éternel et l'extra-temporalité où le peuple demeure, d'ailleurs au-dehors de l'État, contraint la collectivité juive à se voir face à d'autres peuples avec des caractéristiques précises. Au commencement du premier livre de la troisième partie de *L'étoile de la rédemption*, l'auteur écrit : « Béni soit celui qui a planté de la vie éternelle au milieu de nous. » Ce qui suit revêt une signification particulière à ce moment du XXIe siècle :

« Il n'existe qu'une seule communauté qui connaisse une telle continuité de la vie éternelle, allant du grand-père au petit-fils, une seule qui ne puisse exprimer le "Nous" de son unité sans entendre simultanément dans son cœur le "sommes éternels" qui est son complément. Il faut qu'il s'agisse d'une communauté de sang, car seul le sang donne à l'espérance en l'avenir une garantie dans le présent. [...] Ce qui est un futur pour d'autres communautés et donc, dans tous les cas, au-delà du présent — est pour elle seule déjà présent ; pour elle seule, ce qui reste à venir n'est pas chose étrangère, mais sa propriété, quelque chose qu'elle porte en son sein et qu'elle peut mettre au monde chaque jour. [...] Ce qui vaut des peuples en général comme associations de familles réunies par le sang, face à toutes les communautés de l'esprit, cela vaut particulièrement du nôtre. Parmi les peuples de la terre, le peuple juif est, pour reprendre les mots qu'il emploie au niveau sabbatique perpétuel où se déroule sa vie : le peuple unique. Les peuples du monde ne sauraient se contenter de la communauté de sang ; ils poussent leurs racines dans la nuit de la terre, qui, même morte, leur fournit cependant la vie ; dans sa durée ils prennent l'assurance de leur propre durée. Au sol et à sa domination, au territoire, s'accroche fermement leur volonté d'éternité. [...] Nous seuls, nous avons fait confiance au sang et délaissé le pays ; ainsi avons-nous épargné la sève précieuse de la vie, qui nous offrait l'assurance de notre éternité propre, et seuls parmi tous les peuples, nous avons détaché ce qui de la communauté est vivant chez nous d'avec ce qui est mort. Car la terre nourrit, mais également elle enchaîne, et là où un peuple aime davantage le sol de la patrie que sa propre vie, là est toujours imminent un danger — suspendu sur tous les peuples du monde... [...] C'est pourquoi, contrairement à celle des peuples du monde, la légende généalogique du peuple éternel ne commence pas par l'autochtonie. Seul est né de la terre, et encore uniquement selon sa chair, le père de l'humanité ; au contraire le père d'où est issu Israël était un immigré ; c'est avec l'ordre divin de quitter le pays de sa naissance et de partir dans un pays que Dieu lui montrera que commence l'histoire racontée par les Livres saints. [...] Quant à la patrie, où s'implante et s'enracine la vie d'un peuple jusqu'à oublier quasiment que le peuple puisse signifier encore autre chose qu'être établi en un pays, la patrie donc, le peuple éternel ne la possède jamais en ce sens-là. [...] La propriété pleine et entière sur sa patrie lui est contestée même lorsqu'il est chez lui ; lui-même n'est qu'un étranger, un résident provisoire dans son propre pays : “C'est à moi qu'est le pays”, lui dit Dieu. La Sainteté de la terre retire la terre à sa mainmise normale au temps où il pouvait mettre la main dessus ; elle accroît à l'infini sa nostalgie pour ce qu'il a perdu et ne lui permet plus de se sentir totalement chez lui dans nul autre pays ; elle l'oblige à concentrer toute la force de son vouloir, qui

> aspire à être un peuple, dans la communauté de sang ; la volonté d'être un peuple ne peut ici se lier à aucune médiation morte ; elle ne peut se réaliser qu'à travers le peuple lui-même ; le peuple n'est peuple qu'à travers le peuple » (p. 417-419).

G. Bensussan, commentant *L'étoile de la rédemption*, a écrit que l'extra-temporalité dans laquelle habite le peuple juif est un « au-dehors de l'État », qui signifie pour lui comme une auto-exception à la satisfaction nationale et guerrière que la réalité de l'État procure toujours aux peuples du monde[64]. Cette remarque de Bensussan raffermit la thèse que Rosenzweig présente dans la longue citation donnée ci-dessus. Il m'est pourtant difficile de comprendre comment ces affirmations sur la portée, exceptionnelle, du manque d'attachement à la terre chez la collectivité juive peuvent être comprises alors que la présence physique d'une réalité politique et militaire comme l'État d'Israël semble les contrarier ; qui plus est, c'est une présence qui semble être en désaccord avec une tradition millénaire de vie religieuse et avec des créations de l'esprit dont peut se vanter le peuple juif. Commentant l'affirmation de Gershom Scholem que la fondation de l'État d'Israël était pour lui « une retraite utopique des juifs dans leur propre histoire », David Biale écrit : « La retraite dans l'histoire est utopique, pour Scholem, parce qu'elle reprend la promesse messianique d'autrefois. Elle n'est pas apocalyptique, toutefois, car elle renvoie la rédemption finale dans l'avenir. Les sionistes ayant concentré leurs efforts sur la tâche concrète de construire la nation, leur aspiration révolutionnaire s'est transmutée en un accomplissement réaliste de l'histoire au lieu de s'abîmer dans sa suppression apocalyptique : "La différence entre le sionisme et le messianisme réside dans le fait que le sionisme agit dans l'histoire, alors que le messianisme est resté sur un plan utopique" (Scholem) [65]. »

Dans ses lettres, Rosenzweig s'est posé à plusieurs reprises la question du sionisme. Pierre Bouretz cite et paraphrase une lettre que Rosenzweig écrivit à Gertrud Oppenheim en 1917, dans laquelle il lui dit que l'assimilation et le sionisme sont tous deux des voies irréprochables mais que leurs partisans sont les uns comme les autres exposés au risque d'« atteindre un but inaccessible » : les assimilés s'ils devenaient petits fonctionnaires, artisans « ou même — ce qu'à Dieu ne plaise — paysans allemands » ; les sionistes « s'ils parvenaient vraiment à créer en Palestine leur Serbie, leur Bulgarie ou leur Monténégro ». Il reste que pour Rosenzweig, ajoute Bouretz, la balance des périls ne semble pas tout à fait équilibrée, puisqu'il précise qu'à ses yeux « le premier danger n'est pas sérieux tandis que le second l'est[66] ». Chez Rosenzweig, la question du sionisme est forcément liée à l'attitude juive à l'égard de l'histoire. L'analyse qu'en fait Stéphane Mosès permet d'affirmer que cette attitude est définie non pas comme le refus du politique, mais comme sa relativisation ; plus précisément, Mosès écrit en réévaluant la pensée de Rosenzweig : « Les prophètes ont contesté l'identification absolue à la politique de l'État juif au nom de l'aspiration à l'universel, alors que, réciproquement, les Maîtres du Talmud ont voulu empêcher l'absorption pure et simple des juifs dans l'histoire des nations au sein desquelles ils vivaient, au nom du maintien de leur vocation religieuse collective. Dans les deux cas, la réalité politique est considérée comme le moyen nécessaire, mais comme le moyen seulement, à travers lequel cette vocation collective peut se réaliser[67]. »

La volonté d'exonérer le peuple juif de la contrainte d'être un État ne ferait que contredire les conclusions auxquelles arrivait Benamozegh quand il justifiait l'existence d'une justice juive fondée sur la Loi comme l'apanage de l'entité étatique juive, contrairement à la position chrétienne qui est prête — pensait-il — à parler de charité mais non pas de justice[68]. Il est vrai que la présentation que fait

Rosenzweig du judaïsme et du christianisme ne prend pas comme point de départ la conscience que chacun d'eux a de lui-même — la loi ou la foi —, mais des figures extérieures et visibles (« grâce auxquelles ils arrachent leur éternité au temps »), c'est-à-dire l'existence, pour ce qui est du judaïsme, du peuple juif auquel est attaché l'individu, et, pour le christianisme, de l'événement — le Christ — qui en a fondé la communauté ; c'est seulement à partir de ces figures, le peuple et la communauté chrétienne, que peuvent apparaître la loi et la foi. C'est donc sur des bases sociologiques qu'on juxtapose, ou qu'on oppose, judaïsme et christianisme[69]. La signification de l'élection d'Israël signifie pour Rosenzweig que le peuple, avec son attachement à une Loi immuable, est déjà installé dans l'éternité, et cela indépendamment de tout lieu géographique, tandis que le christianisme est seulement au commencement de l'âge messianique. Loi éternelle et foi, peuple juif et communauté chrétienne de croyants, installation dans l'au-delà du temps et temps historique, nous sommes toujours confrontés à un dualisme ontologique et la notion ternaire « Création, Révélation, Rédemption » (lui le Créateur, moi et toi dans le dialogue de la Révélation, nous dans l'épanouissement final) renferme et coordonne toutes ces formes de dualisme.

Rosenzweig avance péniblement dans son texte « La pensée nouvelle », écrit pour expliquer comment il faut lire *L'étoile de la rédemption.* Il a raison de dire que Dieu n'a pas créé la religion mais le monde et que, face à cette réalité, on peut penser que les postulats de la religion, quelle qu'elle soit, ne comptent plus pour lui, car il s'installe dans le champ conceptuel du philosophe. Le livre *L'étoile de la rédemption* et son article « La pensée nouvelle » sont en effet l'œuvre d'un philosophe qui cherche ce qui s'avère « en se révélant vrai ». Voici, tirée de cet article, une réflexion sur le judaïsme et le christianisme dont on peut dire qu'ils mènent, malgré leurs différences, des vies parallèles :

> « La situation particulière du judaïsme et du christianisme tient au fait que, même une fois devenus religions, ils ont su trouver en eux-mêmes les ressources nécessaires pour s'émanciper de leur religiosité et pour retrouver le champ libre de la réalité par les brèches ouvertes dans les remparts de leur spécialisation. Toute religion historique est dès l'origine spécialisée, elle est "fondée" ; seuls le judaïsme et le christianisme se sont spécialisés, mais pas peu à peu, et ils n'ont jamais été fondés. Ils étaient à l'origine tout à fait "profanes" : le judaïsme était un fait, le christianisme, un événement. Ils voyaient autour d'eux des religions, étaient entourés de religions, mais ils se fussent

profondément étonnés qu'on s'adressât à eux comme étant également des religions. Seule leur parodie, l'islam, est d'emblée une religion et refuse d'être quoi que ce soit d'autre ; l'islam a été "fondé" consciemment » (p. 162-163).

Au-delà de quelque incohérence, voire contradiction, ce texte me paraît particulièrement éclairant, et c'est sa référence à l'islam qui en est la clé de voûte, car pour l'auteur là où l'islam n'est et ne sera qu'une religion, le judaïsme et le christianisme ont produit, indépendamment l'un de l'autre, leur théologie, leur philosophie, leur recherche scientifique et surtout leur propre autocritique en marge de leur Dieu, tout en gardant leur manière propre d'œuvrer. Judaïsme et christianisme, ensemble, constituent pour Rosenzweig un objet de réflexion, mais est-il possible de dire qu'il a bâti les fondements pour une théologie nouvelle ? Stéphane Mosès rappelle ce que Rosenzweig avait écrit à Rudolf Ehrenberg dans une lettre du 31 octobre 1913 :

« L'Église et la Synagogue ont besoin l'une de l'autre. La Synagogue est immortelle, mais son bâton est brisé, elle a les yeux bandés, il lui faut renoncer à œuvrer dans le monde, car elle doit employer toutes ses forces à se maintenir en vie, à se garder pure de tout contact avec la vie. C'est pourquoi elle laisse à l'Église le soin d'œuvrer dans le monde, et reconnaît en elle le salut de tous les païens, dans tous les temps. »

En 1916, cependant, dans la correspondance avec son ami Eugen Rosenstock, il met en évidence l'opposition du judaïsme et du christianisme. « Au plus fort de leur affrontement, dit Mosès, les deux correspondants s'accordent sur une même conception centrale, celle de la symétrie fondamentale du judaïsme et du christianisme, dans la mesure où ils représentent, dans leur complémentarité comme dans leur rivalité, les deux grands paradigmes de la Rédemption[70]. » Pour le juif, la Rédemption n'a pas encore eu lieu, le Messie est toujours attendu ; cette position religieuse conditionne nécessairement la vision de l'histoire. Le judaïsme conjecture sur la Rédemption comme l'événement en deçà de la mort ; pour le christianisme, c'est au-delà de la mort que le salut s'installe : la Rédemption a déjà eu lieu. Rosenzweig a dit très justement qu'existent « deux attentes du Messie, à jamais irréconciliables, l'attente de la venue du Messie et celle de son retour[71] ».

Rosenzweig a connu le christianisme dans sa jeunesse, et ses références fréquentes au christianisme, qui reste toujours pour lui une notion abstraite, me font penser que son œuvre aurait été la même si le christianisme n'avait pas existé ; ce sont les Écritures, Moïse, la révélation du Sinaï, la Loi, bref toute la tradition juive qui conditionne sa pensée, et le christianisme s'y ajoute ; Rosenzweig ne peut pas faire autrement compte tenu du poids du christianisme dans la société occidentale. Certes, il explique à sa manière si personnelle, et brillante à mon avis, la position des chrétiens par rapport à la temporalité :

> « Le christianisme, en faisant de l'instant une époque faisant époque, domine le temps. À partir de la naissance du Christ, il n'y a plus que du présent. Le temps ne ricoche pas sur la chrétienté comme sur le peuple juif, mais le temps qui fuit est tenu captif et doit désormais rendre le service d'un esclave prisonnier. Passé, présent et avenir qui n'arrêtent pas de se repousser l'un l'autre, qui ne cessent de se métamorphoser, sont devenus désormais de paisibles structures, tableaux au mur et voûtes dans la chapelle. Le passé, ce qui une fois pour toutes demeure en repos, est désormais tout ce qui s'étend avant le Christ, ce sont sibylles et prophètes. Et l'avenir, ce qui vient d'un pas hésitant, mais par une aspiration invincible, c'est le Jugement dernier. Entre les deux, il y a, heure unique, jour unique, le temps du monde chrétien, où tout est milieu, où tout est également plongé dans la lumière du jour. Les trois temps du temps se sont ainsi scindés en éternel commencement, éternel milieu, éternelle fin de la voie éternelle qui mène à travers cette temporalité » (p. 473-474).

La temporalité se laisse emporter par la chronologie chrétienne, qui compte ses années à partir de la naissance du Christ. Ce qui la précède est du temps nié. Comme le dit Rosenzweig, la temporalité « avance sereinement » ; pourquoi ne le ferait-elle pas si elle est sûre de son éternel présent, puisque la Rédemption a eu lieu ? Les termes Révélation et Rédemption ont une signification précise et engageante dans le christianisme, et ils ont même pu donner au jeune Rosenzweig l'inspiration de ce qui allait être la thèse centrale de son système philosophique. Dans le judaïsme, Révélation et Rédemption deviennent l'une un moment enrichissant de l'esprit, l'autre une promesse d'accomplissement, et cela indépendamment du christianisme ; son système est foncièrement fondé sur l'existence de la Torah qui soustrait le peuple juif au règne de la temporalité et de l'historicité. Je n'écarterai pas la méfiance de Leo Strauss à l'égard de la thèse de Rosenzweig, dans laquelle il voit une subjectivisation et une relativisation du contenu de la religion de la révélation telles qu'elles peuvent « aboutir tout aussi bien au retour au judaïsme qu'à l'athéisme[72] ».

Je pense que la réflexion élaborée de Rosenzweig n'est pas un pas vers un éclaircissement de la notion judéo-chrétienne, moins encore l'annonce d'une possible théologie d'un judéo-christianisme. Sa vision de la Création conditionne le présent et le futur de l'homme, la Révélation et la Rédemption, mais quand tout a été dit, on se heurte à l'obstacle de toujours. Il est plus facile pour les chrétiens de reconnaître l'origine divine du judaïsme que pour les juifs de reconnaître l'origine divine du christianisme. Suivant la même ligne de pensée, les juifs peuvent accepter que les chrétiens puissent participer au monde futur tandis que les chrétiens accepteront difficilement que les juifs puissent être sauvés en tant que juifs, si l'on pense à la théologie chrétienne de la Rédemption. Selon Leo Strauss, cette diversité d'approches s'explique par le fait que le judaïsme intègre les biens charnels et spirituels, le temporel et l'éternel, l'organisation tribale et l'esprit universel, et que la Torah, quoique donnée à Israël seul, admet que, éventuellement, tous les descendants d'Adam pourront y participer. Le christianisme de son côté estime que son tracé est déjà bien dessiné et que ce n'est pas une prise de position philosophique nouvelle qui changera le cours de son histoire. On peut avoir dans son for intérieur sa propre révélation, l'éclairage d'une vie de néophyte — le christianisme prescrit quelles sont les conditions qui feront de cette nouvelle personne un chrétien. Or ce ne sont ni les livres de l'Ancien Testament ni la vie de Jésus de Galilée mais les dogmes de l'Église qui façonnent le chrétien. Dans son analyse du système de Rosenzweig, Stéphane Mosès a bien expliqué en quoi le chrétien et le juif se différencient : « Le chrétien qui affirme son christianisme témoigne de sa foi, alors que le juif qui affirme son judaïsme témoigne de son être[73]. » Être chrétien, c'est affirmer que la voie du salut est celle qui mène de l'Incarnation du Christ à son second avènement glorieux ; être juif, c'est s'affirmer soi-même, c'est-à-dire assurer la perpétuité du peuple juif ; on pense à la « judéité », le privilège personnel, inhérent à une sorte de prédestination raciale dont faisait état Hannah Arendt. Mosès précise encore : « Cette différence traduit, une fois de plus, l'opposition ontologique du christianisme et du judaïsme comme être-dans-le-monde et être-hors-du-monde : le christianisme témoigne en faveur d'une certaine façon d'être au monde, celle précisément qui fait l'objet de sa foi ; cette distinction de la foi et de l'être, de la croyance et de la réalité n'existe pas dans le cas du peuple juif. »

*

Des auteurs mentionnés ici aucun ne me paraît plus apte que Mendelssohn à nous enseigner que le judaïsme et le christianisme sont deux religions qui, avec leur signification historique propre au sein de notre société occidentale, doivent être respectées en accordant à l'une et à l'autre leur indépendance sans vouloir en faire un ensemble. Dans une lettre que Kant écrivit à Mendelssohn le 16 août 1783 lors de la parution de son livre *Jérusalem*, il lui dit : « Vous avez su concilier votre religion avec une liberté de conscience telle qu'on ne l'aurait jamais cru possible de sa part, et dont nulle autre ne peut se vanter. Vous avez en même temps exposé la nécessité d'une liberté de conscience illimitée à l'égard de toute religion, d'une manière si approfondie et si claire que de notre côté aussi l'Église devra enfin se demander comment purifier sa religion de tout ce qui peut opprimer la conscience ou peser sur elle[74]. » Nous avons déjà vu quelle fut l'attitude de Mendelssohn face à des admirateurs qui le poussaient à se convertir au christianisme et sa juste réaction : « Si parmi mes contemporains vivaient Confucius ou Solon, je pourrais — selon les principes de ma religion — aimer et admirer le grand homme sans avoir l'idée ridicule de vouloir convertir Confucius ou Solon. » Son respect pour la religion obligea Mendelssohn à bien définir la ligne qui séparait le judaïsme du christianisme. Un siècle plus tard, Hermann Cohen, un autre grand penseur juif, effaça cette ligne de démarcation. Ennemi acharné de la philosophie de Spinoza, Cohen mit en cause l'inspiration « panthéiste » de la doctrine chrétienne de la Trinité en réservant exclusivement au judaïsme le rôle de défenseur d'une idée pure du monothéisme. Le rejet du christianisme le conduisit à accepter l'incompatibilité des deux religions, une position théologique qui découlait de son système philosophico-théologique. Cohen ouvrit la voie à Rosenzweig. L'œuvre de ce grand écrivain, aux accents poétiques, pourrait faire croire à la naissance d'une vraie théologie « judéo-chrétienne », en fait il s'agit à mon avis d'un mirage.

La tentative de Rosenzweig dans *L'étoile de la rédemption* d'étudier ensemble judaïsme et christianisme mérite d'être saluée ; c'est presque un tour de force parce que les croyances qui pourraient les rapprocher — création, révélation, rédemption, salut —, auxquelles l'auteur se réfère sans cesse, me semblent devenir des mots dépourvus de leur contenu traditionnel dès qu'il confronte les deux religions. Son essai veut apporter une vision théologique cohérente et approfondie des grands thèmes du judaïsme et du christianisme — le Dieu créateur, le monde, l'homme qui habite ce monde avec la possibilité de le dominer ou de le détruire (comme le dit le chapitre 4 de la Genèse) —, mais dans cet ensemble le judaïsme devient parfois trop *malléable*, tel un corps hors du champ de la gravité, car il le voit hors du temps. L'objet de ses considérations est un peuple religieux qui vit toujours en marge de l'histoire, et, par conséquent, la rencontre de cette religion avec le message chrétien n'est pour lui qu'un sujet d'étude supplémentaire qui l'aurait laissé complètement indifférent si le christianisme ne s'était pas imposé dans l'histoire de la culture comme une réalité spirituelle, et politique, incontournable. En marge du Christ le Messie, la figure historique, le messianisme juif se dévoile, selon Rosenzweig, à travers les différents livres de la Torah et des prophètes, et cette « révélation » est une vraie vision « apocalyptique ».

Rosenzweig a essayé hardiment de transcender le monde de l'expérience et de la connaissance historique, toujours à la recherche d'un ordre nouveau, spirituel, fondé sur le recueillement et encadré par la liturgie qui, à travers un cycle de fêtes, organise périodiquement pensées, émotions et prières, fortifiant ainsi l'espérance d'une Jérusalem idéale, la vraie, sur laquelle les juifs puissent s'appuyer. La pensée de Rosenzweig pousse l'esprit vers la mystique, là où la perspective d'un rapprochement avec le christianisme semblerait le plus facile pourvu que celui-ci, oubliant ses dogmes, fasse valoir l'importance de la transcendance à laquelle parvient le mystique quand, une fois détaché du monde qui l'entourait, il peut dire avec Jean de la Croix : « Moi je ne savais où j'entrais, / Cependant quand je me vis là, / Sans savoir où je me trouvais, / De grandes choses je compris. / Point ne dirai ce qu'ai senti, / Car je suis resté sans savoir, / Toute science transcendant[75]. » On peut trouver dans les fêtes de dimanche, Noël, Pâques et Pentecôte la même occasion de se recueillir qu'offrent selon le calendrier juif les jours du sabbat et les fêtes de « la libération d'Égypte », des Semaines et des Cabanes, et celles de la Rédemption (rosh ha-shana et yom kippour). Il n'y a pourtant entre les deux liturgies pas plus qu'une analogie, qui permet de parler d'un calendrier liturgique juif et d'un calendrier chrétien, mais non d'un calendrier judéo-chrétien, car juifs et chrétiens ont des objets de contemplation différents pendant leur recueillement.

Dans le recueillement et dans leur théologie, judaïsme et christianisme se séparent, ils s'unissent pourtant dans leur vision du monde parce qu'ils croient qu'un Dieu transcendant, maître absolu de ses décisions, « a créé le ciel et la terre ». Rosenzweig a remarqué que les deux religions ont une ouverture vers le monde qui invite, voire encourage leurs fidèles à « retrouver le champ libre de la réalité par les brèches ouvertes dans les remparts de leur spécialisation ». Les deux religions ont en effet des attitudes semblables à l'égard de la recherche scientifique, en donnant à ces mots la plus ample signification : de la critique textuelle des livres sacrés jusqu'à la cosmologie. En pensant à l'Europe qui est en train de se faire, et à propos de son héritage, Hans-Georg Gadamer a écrit : « Le trait scientifique gravé dans le devenir spirituel de l'Europe a donné naissance à une différenciation des formes d'expression et de pensée comme il n'en a existé nulle part ailleurs dans la vie culturelle de l'humanité. Je pense au fait que la science et la philosophie représentent en Europe une figure de l'esprit indépendante, qui se détache de la religion et de la poésie. Mieux, religion et poésie ont également été dissociées l'une de l'autre, et l'on a assigné à l'art une approche spécifique, aussi précaire soit-elle, de la vérité. » Chez les croyants juifs et chrétiens, la science et la philosophie se sont détachées de la religion en délimitant leur propre terrain où savants et chercheurs de bonne volonté peuvent s'adonner à leurs études, quitte à affronter les protestations sporadiques des fondamentalistes de tout bord, dont certaines communautés chrétiennes des États-Unis sont un bon exemple. Les entraves religieuses que la pensée a pu avoir dans le passé ont disparu pour la plupart, et c'est en regardant aujourd'hui l'importance accordée à certaines convictions religieuses dans les pays musulmans ou là où l'islam est très répandu que nous sommes capables d'évaluer encore davantage le rôle de la laïcité.

6

MESSIANISME. SIONISME. LAÏCITÉ

Le messianisme, cette croyance en la venue d'un messie libérateur ou rédempteur, n'a pas le même support théologique chez les juifs et chez les chrétiens. Pour les juifs, c'est l'attente de l'arrivée d'un messie qui les affranchira de leurs souffrances, la Rédemption sera « un événement public devant se produire sur la scène de l'histoire et au cœur de la communauté juive » (Scholem) ; pour les chrétiens, en revanche, la Rédemption a déjà eu lieu, elle est reléguée maintenant dans le domaine spirituel invisible de l'individu. Cette divergence de croyances révèle d'emblée la nature de l'une et de l'autre religion, et permet d'entrevoir les conséquences religieuses et morales de cette prise de position à l'égard d'un événement qui, soit qu'il doive arriver soit qu'il soit déjà arrivé, s'inscrit inéluctablement dans l'histoire humaine. Les arguments à l'appui risquent de souligner davantage le clivage qui sépare le judaïsme, en attente, du christianisme, où la parousie, c'est-à-dire le retour, cette fois glorieux, du Christ illumine le passage du temps. Au XXe siècle, le messianisme juif a pris avec le sionisme un tournant qui neutralise sa signification religieuse. Le sionisme reposait initialement sur la foi des juifs dans la venue d'un messie qui les ramènerait en terre d'Israël. Comme Ilan Greilsammer l'a bien exprimé, le sionisme représentait la rencontre des juifs et de la modernité ; il se reliait en fait au grand mouvement des nationalités du XIXe siècle et, vers le commencement du XXe siècle, il devint un mouvement politique, une radicalisation qui l'éloignait du judaïsme en tant que religion historique. Les chrétiens auraient tort de ne pas faire de distinction entre la religion juive et le sionisme, dont les implications politiques ne concernent pas cet essai sur le judéo-christianisme. Toutefois, en nous appuyant sur les remarques d'historiens compétents du judaïsme, quelques précisions semblent s'imposer, car tout l'effort de la pensée traditionnelle juive a consisté à préciser, dans le processus de sa réflexion sur l'idée messianique, la nature de l'écart qui pourrait séparer le croyant de l'époque messianique.

Stéphane Mosès se demandait à propos de ce messianisme s'il s'agissait d'un passage soudain d'un état à un autre ou, plutôt, d'une évolution progressive. Les réponses ont été diverses tout au long des siècles. Des écrits « apocalyptiques » (donc des « révélations ») ont toujours accompagné le peuple juif, et l'on a pu dire à juste titre qu'aujourd'hui « sa retraite dans l'histoire » reprend la promesse messianique d'autrefois mais renvoie la rédemption finale dans l'avenir. Les sionistes ayant concentré leurs efforts sur la tâche concrète de construire la nation, leur aspiration s'est transmutée en un accomplissement réaliste de l'histoire, plutôt que de la transcender, comme le demandait le message spirituel que Rosenzweig avait voulu transmettre à ses lecteurs. Dans la situation actuelle, nous devons avouer que nous ne sommes pas devant la « Jérusalem nouvelle » de l'Apocalypse (21, 2-4), celle « qui descendait du ciel », et qui devait être la demeure de Dieu avec les hommes, car ils seraient son peuple, et Lui, leur Dieu, quand (c'est l'auteur sacré qui prophétise) « Dieu essuiera toute larme de leurs yeux ; de mort, il n'y en aura plus ; de pleur, de cri et de peine, il n'y en aura plus, car l'ancien monde s'en est allé ».

Scholem a bien perçu le conflit qui déchire l'idéal messianique, et le commentaire suivant de Bouretz sur la position religieuse de Scholem est juste : « Pendant une longue époque, l'espérance messianique est demeurée abstraite et sans lien avec l'expérience vécue, en sorte qu'elle était susceptible de s'intégrer à la Tradition et de paraître compatible avec elle, bien que s'enracinant dans d'autres sources que les siennes. Conçue comme un événement devant survenir à la fin de l'histoire, ou même au-delà d'elle, la Rédemption pouvait nourrir deux représentations contradictoires : celle du retour à un état primitif détruit et qui serait reconstitué ; ou celle de l'irruption d'un monde totalement neuf. Mais du moins le conflit potentiel entre l'idée d'une actualité de la Rédemption et la tradition du passé pouvait-il demeurer masqué, tandis que les spéculations sur la Torah de l'ère messianique se développaient essentiellement dans l'ordre de l'imagination et de l'espérance. » Je n'ai pas l'intention de poursuivre une étude sur la pensée de Scholem d'autant plus que l'analyse de Bouretz à laquelle je renvoie est éclairante. Il explique bien, suivant toujours Scholem, que, « au moment où l'espoir messianique cesse d'être formulé dans les termes abstraits d'une réalité imaginaire pour apparaître comme une réponse possible à la déréliction présente, une tension se met en place entre une pensée "philosophico-rationaliste" qui aspire à devenir conservatrice et les mouvements populaires nourris de mythologies aux débouchés révolutionnaires[1] ». À vrai dire, l'excès de messianisme menace la tradition juive autant que l'excès d'antimessianisme ; Scholem a sans doute raison de définir le sionisme comme une prise de responsabilité à l'égard de l'histoire : pour lui, ce sont les sionistes qui portent le fardeau de l'histoire, tout en acceptant, comme on l'a dit, que la fondation de l'État d'Israël soit « une retraite utopique des juifs dans leur propre histoire ».

Judah Goldin a souligné dans sa longue étude du judaïsme, de l'époque des Maccabées jusqu'au XIe siècle — plus précisément autour de 1040, quand les célèbres académies de Babylone tombent dans l'oubli —, que son histoire est tortueuse et qu'à aucun moment on ne trouve une harmonie quelconque chez les interprètes de la Loi[2]. Dans la période qui est connue comme celle du Talmud, les centres intellectuels de Soura et Poumbedita l'emportent sur Jérusalem ; au IXe siècle, la personnalité et la science de Saadia ben Joseph, le fameux *Gaon* de ces académies, s'imposèrent de manière éclatante. Maimonide (1135-1204) put constater que c'était grâce à lui que « la Torah ne disparut d'Israël[3] ». Plus tard, au XVIe siècle, c'est Safed, au nord de la Galilée, qui s'impose non seulement comme centre commercial, mais aussi comme foyer de culture ; ses écoles, les *yeshibot*, et leurs savants occupent une place notable dans la littérature rabbinique. Le déclin économique et social de Safed facilita la renaissance de Jérusalem, qui hérita de la ville galiléenne le privilège de devenir le centre pour l'étude de la Torah. Nous sommes au milieu du XVIIe siècle[4]. Vers la fin de l'Empire ottoman, la population juive de Jérusalem commença à augmenter de manière régulière. Les juifs avaient été autour de 1 000 en 1690, puis, en 1760, se produisit une immigration séfarade suivie, en 1777, par l'arrivée des ashkénazes. Le grand changement a lieu un siècle plus tard quand la population de Jérusalem passe de 11 000 à 22 000 ; en 1914, elle avait déjà triplé. Archives et statistiques montrent bien que ce n'est qu'à l'époque moderne que Jérusalem gagne sa prééminence de foyer religieux[5].

Au début du XXe siècle, Theodor Herzl et, avant lui, Leon Pinsker voyaient le sionisme comme la solution à un problème humain en marge de toute considération religieuse, donc en dehors du messianisme. En 1900, Herzl se fit le champion indiscutable d'un sionisme politique, et, tout en acceptant que les juifs puissent opter pour leur intégration dans leurs sociétés européennes respectives, il encourageait ceux qui refusaient cette intégration à créer un État juif en Palestine ou ailleurs. Il y avait dans le sionisme politique un détachement des valeurs de la culture juive contre lequel s'éleva Ahad Ha'am (pseudonyme d'Asher Ginsberg, 1856-1927), une personnalité influente, mais souvent oubliée, qui consacra sa vie d'essayiste à défendre les valeurs spirituelles du judaïsme. En plus de l'information qu'apporte l'*Encyclopaedia judaica*, les pages que Simon Doubnov lui dédie mettent bien en relief la volonté d'Ahad Ha'am d'aider la cause du judaïsme[6]. Ayant commencé sa carrière littéraire et politique à Odessa, il visita plusieurs fois la Palestine de 1891 à 1922, et s'y installa définitivement en 1922. Sa thèse, qu'il soutenait avec force, était que les juifs devaient avoir en Palestine leur foyer culturel, sans pour autant songer à la constitution d'une homogénéité ethnique ou à la création d'une souveraineté nationale. Plus tard, il semble avoir nuancé sa pensée. Il écrivait (en pensant sans doute aux thèses de Herzl) : « [...] le sionisme commence son travail par la propagande politique, tandis que le palestinisme met au premier plan le développement de la culture nationale, à la faveur de laquelle et pour laquelle surgira un jour un État indépendant incarnant l'esprit national. » Dans la lettre qu'Ahad Ha'am adresse à Chaim Weizmann le 12 août 1918 à l'occasion de la pose de la première pierre de l'université hébraïque de Jérusalem, il écrit (dans un anglais bien à lui que je traduis ici) que « notre future vie nationale sera reconstruite sur cette fondation. Depuis le commencement de notre mouvement national en connexion avec la colonisation de Palestine, nous avons toujours senti — beaucoup d'entre nous inconsciemment — que la reconstruction de notre vie nationale est possible seulement sur des fondations spirituelles et que par conséquent la pose de ces fondations doit aller de pair avec l'entreprise de la colonisation ». Dans son étude sur Gershom Scholem, David Biale remarque que Scholem trouva son propre modèle chez Ahad Ha'am, car son programme visant à fonder un centre culturel en Palestine était « une voie beaucoup plus réaliste pour le sionisme que l'expérience mystique prêchée par Buber » dont le sionisme spirituel remplissait souvent ce rôle pour les jeunes sionistes allemands. Ahad Ha'am et Scholem avaient compris que la diaspora n'était pas près de disparaître et que le sionisme de son côté devait avoir pour fonction d'en assurer la vitalité spirituelle. Tous les deux ont conçu le sionisme « comme un mouvement essentiellement laïque, mais qui n'en fait pas moins partie de la tradition juive ». Scholem n'acceptait pas « le maximalisme politique des révisionnistes », mais en raison des événements politiques en Allemagne, il en vint à la conclusion que le projet d'Ahad Ha'am était devenu obsolète. Je note tout de même, en suivant les recherches faites par Biale, qu'après la création de l'État d'Israël Scholem critiqua le mouvement « cananéen », car « les Cananéens voulaient liquider toute l'histoire juive et faire renaître un mythique peuple cananéen biblique sur la terre d'Israël[7] ». L'une des exigences de la laïcité est, heureusement, l'élimination des mythes.

Séparée de la science et de l'art, la religion, comme Gadamer nous l'avait dit, fait figure d'entité isolée ayant sa manière propre — à travers l'expérience religieuse — d'atteindre son objectif. Pourquoi ne pas appliquer à l'expérience religieuse les mots d'Aristote dans les *Seconds Analytiques* (II, 19 ; 100a 1-9) ?

> « De la sensation vient ce que nous appelons le souvenir, et du souvenir plusieurs fois répété d'une même chose vient l'expérience, car une multiplicité numérique de souvenirs constitue une seule expérience. Et c'est de l'expérience à son tour (c'est-à-dire de l'universel en repos tout entier dans l'âme comme une unité en dehors de la multiplicité et qui réside une et identique dans tous les sujets particuliers) que vient le principe de l'art et de la science, de l'art en ce qui regarde le devenir, et de la science en ce qui regarde l'être » (trad. Tricot).

Cette expérience personnelle, intime, peut être le principe d'une réflexion sur le message religieux qui transforme la personne, chaque personne, l'une après l'autre.

La religion est en définitive une affaire d'individus, non pas de multitudes, et pour cette raison la séparation de la religion et de l'État est pleinement justifiable, car elle crée l'atmosphère propice pour les créations de l'esprit. L'œuvre littéraire de Rosenzweig dérive d'une expérience vécue sur le champ de bataille, c'est une expérience qui s'étire entre un passé de recherches et un présent rempli par une vision, nouvelle, du judaïsme, laquelle ne vise pourtant pas à dessiner une sorte de futur utopique : ce sont ceux qui n'approfondissent pas le message qui le trouveront utopique. Il ne s'agit pas de la création de l'État d'Israël mais de donner au judaïsme — celui de deux mille ans d'histoire — un élan nouveau en marge des rouages de la vie politique, laïque et postsioniste.

La laïcité, ce pacte civilisé que l'État conclut avec la religion qui lui permet de se situer hors de toute obédience religieuse et garantit à la société la coexistence pacifique de divers cultes et croyances, a facilité l'entente de deux religions, le judaïsme et le christianisme, qui à certaines époques de l'histoire ont été des ennemies acharnées (et encore aujourd'hui peuvent être jugées de la sorte dans certains milieux). Grâce à cette laïcité, judaïsme et christianisme trouvent chacun sa vie propre, et l'indépendance absolue dont ils jouissent sert à montrer que l'assemblage des deux religions que propose Rosenzweig devra toujours se limiter à quelques analogies, et que le théologien chrétien, de son côté, ne verra dans maint texte de l'Ancien

Testament autre chose que l'annonce de ce en quoi s'est ancrée sa foi. Recueillis dans leurs temples et dans leurs foyers respectifs, juifs et chrétiens pourront s'ignorer tant que l'État les ignore. La liberté de pensée dont ils peuvent jouir aujourd'hui, après de longues périodes de censure pour les uns et pour les autres, n'est pas seulement le résultat d'une conquête des droits civils ; la religion y a aussi sa part.

Judaïsme et christianisme sont deux religions qui ne sont pas conditionnées par un attachement territorial quelconque ; il n'y a pas eu au départ une *fondation*, c'est dans le devenir que judaïsme et christianisme se sont constitués ; leurs fidèles n'ont pas connu un centre comme La Mecque où le Prophète reçut la révélation de l'ange Gabriel et qui devint par la suite le lieu que les musulmans devaient visiter pour fortifier leurs croyances. Certes, l'obligation du pèlerinage à La Mecque peut être aménagée, mais, contrairement aux juifs, les musulmans souscriraient difficilement à un message comme celui qui figure dans l'Évangile de Jean, au chapitre IV : ce n'est ni sur la montagne de Samarie ni à Jérusalem qu'on adore Dieu, « l'heure est venue — nous y sommes — que les vrais adorateurs adoreront le Père en esprit et vérité ». Dieu est esprit et ceux qui l'adorent, c'est en esprit qu'ils l'adorent. Quand le sionisme établit Jérusalem et la Terre sainte comme l'apanage du peuple juif et de sa religion, il risque de pervertir les données de l'histoire religieuse et culturelle de la région (et fait perdre à l'adieu « l'an prochain à Jérusalem », par lequel se séparent les familles juives après le repas de la nuit de la Pâque, toute sa signification spirituelle).

La création d'Israël comme État souverain eut lieu en 1948. L'intégration de cette nouvelle entité politique dans la communauté des nations fut un événement qui, par la multiplicité des éléments entrés en jeu, allait nécessairement ouvrir un nouveau chapitre dans l'histoire mouvementée du Moyen-Orient. Je n'entrerai pas dans ce domaine dont la complexité politique exigerait une analyse qui dépasse le sujet de ce livre. Il n'en reste pas moins que si l'on connaît un peu le très ancien passé de cette région de l'Asie occidentale et que, pendant des années, on ait suivi de près le déroulement des événements sur cette scène géographique à l'histoire si riche, on comprend comment la religion peut devenir à tout moment une arme de destruction terrible, aussi terrible que la jalousie d'un Dieu qui se veut unique. Texte après texte depuis des milliers d'années, en toutes sortes de langues ou d'écritures anciennes, l'homme politique a proclamé qu'il avait conquis telle ou telle portion de territoire parce que Dieu lui avait dit de le faire et que, par conséquent, il avait sur elle un droit indéniable et inaliénable. Mais le conquérant se devait de rester vigilant, car sa maîtrise du sol pouvait être contestée par d'autres qui assuraient avoir entendu aussi des voix divines les incitant à posséder la même terre. On dit toujours que le monothéisme est né au Proche-Orient mais on ne dit pas qu'il y eut souvent une cacophonie des voix divines responsable de plus d'une guerre dans la grande famille sémite. La laïcité crée un silence bénéfique : le judaïsme peut alors transcender son attachement terrestre et le christianisme, de son côté, oublier que sanctuaires, actes de culte publics ou pèlerinages ne sont qu'un accident dans le nécessaire renouvellement intérieur qui est la raison d'être de son existence.

APPENDICES

BIBLIOGRAPHIE

ARENDT, Hannah, « Qu'est-ce que la liberté ? », dans *La crise de la culture*, trad. de l'anglais A. Faure et P. Lévy, Paris, Gallimard, Folio Essais n° 113, 1972.

ARENDT, Hannah, *Les origines du totalitarisme. Eichmann à Jérusalem*, P. Bouretz, éd., Paris, Gallimard, 2002.

ATHANASE D'ALEXANDRIE, *Histoire des ariens aux moines*, Migne, Patrologie grecque XXV.

AUGUSTIN, *Les confessions*, *Œuvres*, tome I, Paris, Gallimard, Bibliothèque de la Pléiade, 1998.

AUERBACH, Erich, *Mimesis. The Representation of Reality in Western Literature*, trad. W. R. Trask, avec une introduction d'Edward W. Said, Princeton University Press, 2003.

BARDY, Gustave, *Paul de Samosate*, Louvain, 1929.

BASILE DE CÉSARÉE, *Homélies sur l'Hexaéméron*, éd. et trad. St. Giet, Paris, Cerf, Sources chrétiennes n° 26 *bis*, 1968.

BEN-ZVI, Itzhak, « Eretz Yisrael under Ottoman Rule, 1515-1917 », p. 399-486 ; voir L. Finkelstein.

BENAMOZEGH, Eli, *Morale juive et morale chrétienne*, daté de 1867 ; réédition en français avec une préface de Shmuel Trigano, Paris, In Press, 2000.

BENSUSSAN, Gérard, « État et éternité chez Franz Rosenzweig », p. 137-146 ; voir A. Münster.

BIALE, David, *Gershom Scholem. Cabale et contre-histoire*, trad. de l'anglais J.-M. Mandosio, Paris, Éditions de l'Éclat, 2001.

BOUREL, Dominique, *Moses Mendelssohn*, Paris, Gallimard, NRF Essais, 2004.

BOURETZ, Pierre, *Témoins du futur. Philosophie et messianisme*, Paris, Gallimard, NRF Essais, 2003.

BROCK, Sebastian, « Jewish Tradition in Syriac Sources », *Journal of Jewish Studies* 30 (1979), p. 212-232.

CATTAUI, Georges, *L'amitié de Proust, Cahier Marcel Proust* 8, NRF, 1935 (5e édition).

CHÉDOZEAU, Bernard, « Les préfaces de la Bible de Port-Royal », dans *Entrer en matière. Les prologues*, J.-D. Dubois et B. Roussel, éd., Paris, Cerf, 1998, p. 473-484.

COHEN, Hermann, *La religion dans les limites de la philosophie*, trad. de l'allemand Marc de Launay et Carole Prompsy, Paris, Cerf, 1990.

DAGRON, Gilbert, « Juifs et chrétiens dans l'Orient du VIIe siècle » (avec V. Déroche), *Travaux et mémoires* 11, 1991, p. 17-46.

DANTE, *Œuvres complètes*, trad. sous la direction de Christian Bec, Paris, La Pochothèque, 1996.

DÉROCHE, V., « Doctrina Jacobi » ; voir G. Dagron.

DESREUMAUX, Alain, *Histoire du roi Abgar et de Jésus*, Brepols, 1993.

DOUBNOV, Simon, *Histoire moderne du peuple juif*, trad. du russe S. Jankélévitch, préface de Pierre Vidal-Naquet, Paris, Cerf, 1994.

Écrits intertestamentaires, « Jubilés », trad. A. Caquot, Paris, Gallimard, Bibliothèque de la Pléiade, 1987.

ÉRASME, Paris, Robert Laffont, 1992 ; pour le *Plaidoyer pour la paix*, Chantal Labre, Paris, Arléa, 2002.

EUSÈBE DE CÉSARÉE, *Histoire ecclésiastique* et *Préparation évangélique* cités d'après les éditions publiées dans Sources chrétiennes.

FESTUGIÈRE, A. J., *Antioche païenne et chrétienne*, Paris, de Boccard, 1959.

FINKELSTEIN, Louis, éd., *The Jews. Their History*, New York, Schocken Books, 1972 (4e éd.).

FLAVIUS JOSÈPHE, *La guerre des Juifs*, trad. Pierre Savinel, Paris, Éditions de Minuit, 1971.

Fuero Juzgo ou *Liber iudiciorum*, trad. hisp.-roman, éd. Zens, Barcelone, 1968 ; voir *Monumenta*.

GIGNOUX, Philippe, *Narsaï, Homélies sur la création*, Paris, *Patrologia orientalis* XXXIV, 1968.

GOGUEL, Maurice, *La naissance du christianisme*, Paris, Payot, 1955.

GOITEIN, Shelomo D., *A Mediterranean Society. An Abridgment in One Volume*, éd. Jacob Lassner, University of California Press, 1999.

GOLDIN, Judah, « The Period of the Talmud (135 B.C.E.-1035 C.E.) », p. 119-224 ; voir L. Finkelstein.

GORDON, Peter Eli, *Rosenzweig and Heidegger. Between Judaism and German Philosophy*, University of California Press, 2003.

GOULET, Richard, éd., *Dictionnaire des philosophes antiques* I et II, Paris, Éditions du CNRS, 1989, 1994.

GREILSAMMER, Ilan, *Le sionisme*, Paris, PUF, « Que sais-je ? », 2005.

GUSDORF, Georges, *Les origines de l'herméneutique*, Paris, Payot, 1988.

GUILLERMIT, Louis, Jacobi, *David Hume et la croyance. Idéalisme et réalisme*, introduit, traduit et annoté par —, Paris, Vrin, 2000.

GUTTMANN, Julius, *Histoire des philosophies juives. De l'époque biblique à Franz Rosenzweig*, trad. de l'anglais S. Courtine-Denamy, Paris, Gallimard, 1994.

HALLÉVI, Juda, *Le Kuzari. Apologie de la religion méprisée*, trad. Charles Touati, Verdier, 2002.

HARNACK, Adolf von, *Marcion, l'évangile du Dieu étranger*, trad. B. Lauret avec contributions de B. Lauret, G. Monnot, E. Poulat et M. Tardieu, Paris, Cerf, 2003.

HAYMAN, A. P., *The Disputation of Sergius the Stylite against a Jew*, *CSCO* 338, *Scr. Syri* 152 (texte syriaque) ; *CSCO* 339, *Scr. Syri* 153 (trad. anglaise), Louvain, 1973.

HEGEL, *La positivité de la religion*, Paris, PUF, 1983.

HEGEL, *Phénoménologie de l'esprit*, trad. Jean-Pierre Lefebvre, Paris, Aubier, 1991.

HEGEL, *L'esprit du christianisme et son destin*, précédé de *L'esprit du judaïsme*, trad. O. Depré, Paris, Vrin, 2003.

HEINE, Henri, *De l'Allemagne*, éd. P. Grappin, Paris, Gallimard, 1998.

Histoire auguste, édition bilingue et trad. par A. Chastagnol, Paris, Robert Laffont, 1994.

IRÉNÉE DE LYON, *Contre les hérésies*, trad. A. Rousseau, Paris, Cerf, 1991.

ISRAEL, Jonathan I., *Radical Enlightenment. Philosophy and the Making of Modernity 1650-1759*, Oxford University Press, 2001 (repr. 2003).

JACOB, Walter, *Christianity through Jewish Eyes. The Quest for Common Ground*, Hebrew Union College Press, 1974.

JACOBI, F. H. : voir Guillermit.

JEAN CHRYSOSTOME, *Adversus judaeos*, Migne, Patrologie grecque XLVIII.

JEAN DE LA CROIX, *Poésies complètes*, trad. Bernard Sesé, Paris, Obsidiane, 1983.

JUNGMANN, J.-A., *Missarum sollemnia*, vol. I, Paris, 1951.

KANT, *Qu'est-ce que s'orienter dans la pensée ?* introduit, traduit et annoté par Alexis Philonenko, Paris, Vrin, Textes et Commentaires, 2001.

KANT, *Anthropologie (du point de vue pragmatique)*, trad. M. Foucault, Paris, Vrin, 2002 (1re éd. 1964).

KÜNG, Hans, *Être chrétien*, trad. H. Rochais et A. Metzger, Paris, Seuil, 1978.

LEROUSSEAU, Andrée, *Le judaïsme dans la philosophie allemande 1770-1850*, Paris, PUF, 2001.

LEWIS, Naphtali, *La mémoire des sables. La vie en Égypte sous la domination romaine*, trad. P. Chuvin, Paris, Armand Colin, 1988.

LIBANIUS, *Oratio pro templis*, éd. R. Van Loy, *Byzantion* VIII, 1933, p. 7-39 et 389-404.

LIMBORCH, Philippus van, *De veritate religionis christianae. Amica collatio cum erudito Judæo*, Gouda, 1687 (voir Israel, J. I.).

MANUEL, Frank E., *The Broken Staff. Judaism through Christian Eyes*, Harvard University Press, 1992.

MÉLÈZE-MODRZEJEWSKI, J., *Les juifs d'Égypte. De Ramsès II à Hadrien*, Paris, Éditions Errance, 1991.

MENDELSSOHN, Moses, *Jérusalem*, J. Monter Pérez, texte allemand-espagnol, Madrid, Anthropos,

1991 ; Dominique Bourel, texte français, Paris, Les Presses d'Aujourd'hui, 1982 (avec une préface d'Emmanuel Levinas).

MONTESQUIEU, *L'esprit des lois, Lettres persanes, Pensées, Le spicilège.*

Monumenta Germaniae Historica, I/1 : *Leges Visigothorum*, éd. K. Zeumer, XII, 2, (*Liber iudicorum*), Hannover et Leipzig, 1973 (1902), p. 418-426.

MOSÈS, Stéphane, *Système et Révélation. La philosophie de Franz Rosenzweig*, Paris, Bayard, 2003.

MÜNSTER, Arno, éd., *La pensée de Franz Rosenzweig* (Actes du colloque parisien organisé à l'occasion du centenaire de la naissance du philosophe), Paris, PUF, 1994.

NIKIPROWETZKY, Valentin, *Études philoniennes*, Paris, Cerf, 1996.

ORIGÈNE, *La lettre à Africanus*, Paris, Cerf, Sources chrétiennes, n° 302, 1983.

ORLANDIS, J., *Historia de España.* Tomo IV. *Época visigoda* (409-711), Madrid, 1987.

PÉPIN, Jean, *La tradition de l'allégorie. De Philon d'Alexandrie à Dante*, Paris, Études augustiniennes, 1987.

PETIT, Paul, *Libanius et la vie municipale à Antioche au IVe siècle après J.-C.*, Paris, Geuthner, 1955.

PHILON D'ALEXANDRIE, *De opificio mundi*, trad. R. Arnaldez, Paris, Cerf, 1961.

PHILONENKO, Alexis : voir Kant.

RICŒUR, Paul, « Lecture de Franz Rosenzweig : la "Figure" dans *L'étoile de la rédemption* », p. 25-42 ; voir A. Münster.

ROTH, Cecil, « The Jews of Western Europe (from 1648) », p. 259-304 ; voir L. Finkelstein.

ROUSSEAU, J.-J., *Considérations sur le gouvernement de Pologne*, *Œuvres complètes*, tome cinquième, Paris, 1907.

ROSENZWEIG, Franz, *L'écriture, le verbe et autres essais*, trad., notes et préface de J.-L. Evard, Paris, PUF, 1998.

ROSENZWEIG, Franz, *Foi et savoir. Autour de L'étoile de la rédemption*, intr., trad. et annoté par G. Bensussan, M. Crépon et M. de Launay, Paris, Vrin, 2001.

ROSENZWEIG, Franz, *L'étoile de la rédemption*, traduit de l'allemand par Alexandre Derczanski et Jean-Louis Schlegel en 1982. L'édition utilisée ici a été entièrement revue et annotée par J.-L. Schlegel, Paris, Seuil, 2003. Le titre original est *Der Stern der Erlösung*, éd. originale : Kluwer Academic Publishers, Hollande, 1976 (la première édition allemande est de 1921).

SCHÜRER, E., *The History of the Jewish People in the Age of Jesus Christ (175 B.C.-A.D. 135)*, version anglaise de G. Vermes, F. Millar et M. Goodman, vol. I, Édimbourg, T. & T. Clarck, 1973, et vol. III, Édimbourg, T. & T. Clarck, 1986.

SCHWEID, Eliezer, « Ahad Ha'am », *Encyclopaedia judaica*, vol. 2, Jérusalem, 1971, cols. 439-448.

SIMON, M., « Problèmes du judéo-christianisme », dans *Aspects du judéo-christianisme* (colloque de Strasbourg, 23-25 avril 1964).

SIRINELLI, Jean, Introduction générale à Eusèbe de Césarée, *La préparation évangélique*, vol. I, Paris, Cerf, Sources chrétiennes, n° 206, 1974.

SPINOZA, *Œuvres* III, *Traité théologico-politique*, texte F. Akkerman, trad. et notes J. Lagrée et P.-F. Moreau, Paris, PUF, 1999.

STOCK, Brian, *Augustin the Reader*, Harvard University Press, 1998.

STRAUSS, Leo, *Jewish Philosophy and the Crisis of Modernity. Essays and Lectures in Modern Jewish Thought*, K. Hart Green, éd., State University of New York Press, 1997.

STRAUSS, Leo, *La persécution et l'art d'écrire*, trad. et présentation par Olivier Sedeyn, Paris, Éditions de l'Éclat, 2003.

TANGUAY, David, *Leo Strauss. Une biographie intellectuelle*, Paris, Grasset, 2003.

TAVOILLOT, Pierre-Henri, *Le Crépuscule des Lumières*, Paris, Cerf, 1995.

TCHERIKOVER, Victor A. et Alexander FUKS, *Corpus papyrorum judaicarum*, vol. I, Harvard University Press, 1957.

THÉODORE BAR KONI, *Livre des scolies*, Addai Scher, éd., *CSCO*, *Scrip. syri*, Série IIe, tomes 65/66, 1910/1912 ; trad. R. Hespel et R. Draguet, *CSCO* 431/432 *Script. syri* 187/188, Louvain, 1981/1982.

WACHTEL, Nathan, « Histoire et anthropologie des sociétés méso- et sud-américaines », *Annuaire du Collège de France 2001-2002*, p. 620-622.

WASSERSTEIN, B., *Divided Jerusalem. The Struggle for the Holy City*, Yale University Press, 2002.

WILLIS, G. G., A History of Early Roman Liturgy. *To the Death of Pope Gregory the Great*, Londres, The Boydell Press, 1994.

YOVEL, Yirmiyahu, *Spinoza et autres hérétiques*, trad. de l'anglais É. Beaumatin et J. Lagrée, Paris, Seuil, 1991.

YOVEL, Yirmiyahu, *Les juifs selon Hegel et Nietzsche*, trad. de l'amér. S. Courtine-Denamy, Paris, Seuil, 2001.

NOTES

INTRODUCTION

1. *Être chrétien*, trad. Rochais et Metzger, Paris, Seuil, 1978, p. 185.

1. L'IMPORTANCE DE L'HELLÉNISME

1. *Contre Apion*, 2, 4, 39 et *Guerre des Juifs*, 7, 3, 3-4 ; 7, 5, 2. Cf. Jean Chrysostome, *Adversus judaeos* 1,6 (PG 48, 851).

2. On peut lire dans une homélie de Jean Chrysostome que les habitants de ces faubourgs et des campagnes environnantes, qui venaient à la ville, assistaient à la prédication sans y comprendre grand-chose ; voir dans C. Charon, *Échos d'Orient* XI 1908, p. 82-89, des témoignages sur la persistance de la langue et de l'esprit syriaques aux environs d'Antioche.

3. *Histoire auguste*, édition bilingue, trad. A. Chastagnol, Paris, Robert Laffont, 1994, Aelius Spartanus, *Hadrien*, 14.

4. *Hist. aug.*, Aelius Lampridius, *Alexandre Sev.*, 28. Chastagnol commente justement qu'on ne peut

pas affirmer que l'empereur, un Syrien, ait jamais rempli la fonction de grand prêtre du dieu.

5. *Iuliani Imperatoris epistulae, leges, poematia, fragmenta varia*, éd. Bidez-Cumont, Paris 1922, p. 160-164.

6. Zosime, *Histoire nouvelle*, 2, 34, 2.

7. G. Bardy, *Paul de Samosate*, Louvain, 1929, p. 208, citant P. Batiffol, *L'Église naissante et le catholicisme*, p. 20.

8. Remarques très pertinentes sur cette question chez M. Simon, « Problèmes du judéo-christianisme », dans *Aspects du judéo-christianisme* (Colloque de Strasbourg, 23-25 avril 1964), p. 1-16.

9. C'est le Codex Sinaiticus conservé à Londres ; la *Lettre* y occupe la première place après l'Apocalypse.

10. Eusèbe de Césarée, *Histoire ecclésiastique*, VI, 12 ; trad. G. Bardy, Sources chrétiennes, 41, Paris, 1955.

11. *Hist. eccl.* VII, 5, 1-2.

12. *Hist. eccl.* V. 19 et VI. 12.

13. Alain Desreumaux, *Histoire du roi Abgar et de Jésus*, Brepols, 1993, p. 116.

14. § 75 ; Migne, Patrologie grecque XXV, 777 B ; voir Bardy, p. 85 et J. Teixidor, *Annuaire du Collège de France 1997-1998*, p. 730-731.

15. Libanius, *Oratio pro templis*, 9 ; éd. R. Van Loy, p. 22 (*Byzantion* 8 [1933], p. 7-39 et 389-404) ; c'est le discours adressé à Théodose, voir les pages que A. J. Festugière a consacrées au discours et à la conduite des moines, *Antioche païenne et chrétienne*, Paris, de Boccard, 1959, p. 237-239.

16. *Histoire ecclésiastique* 4, 24, 2-4 ; Festugière, *Antioche*, p. 271.

17. *Hist. eccl.* VII, 32, 4 ; trad. Bardy, p. 222-223.

18. Voir G. Bardy, *Paul de Samosate*, 1929, p. 378-383.

19. Voir, pour Alexandrie, J. Mélèze-Modrzejewski, *Les juifs d'Égypte. De Ramsès II à Hadrien*, Paris, Éditions Errance, 1991, p. 135-150, 183-186.

20. Mélèze-Modrzejewski, 165.

21. N. Lewis, *La mémoire des sables*, trad. Chuvin, Paris, Armand Colin, 1988, p. 43.

22. *Contre Celse*, 4, 22. Pour le séjour d'Origène en Palestine, voir *La lettre à Africanus*, § 10 et § 20 ; N. de Lange, Sources chrétiennes 302, Paris, 1983.

2. EXÉGÈSE ALLÉGORIQUE

1. Maurice Goguel, *La naissance du christianisme*, Paris, Payot, 1955.

2. G. Gusdorf, *Les origines de l'herméneutique*, Paris, Payot, 1988, p. 23-24.

3. Cf. H. D. Saffrey, « Ammonios d'Alexandrie », dans *Dictionnaire des philosophes antiques* I, éd. R. Goulet, Paris, Éditions du CNRS, 1989, p. 168-169.

4. Je cite d'après Yvan Pelletier, éd. et trad., *Les Attributions (Catégories). Le texte aristotélicien et les prolégomènes d'Ammonios d'Hermeias*, collection d'Études anciennes (Association G. Budé, Paris) et collection Noêsis (Laboratoire de recherches, Ottawa), Montréal-Paris, Les Belles Lettres, 1983, p. 76 et 167 n. 14.

5. *Préparation évangélique*, VIII, 10.18.

6. *Revue d'histoire et de philosophie religieuses*, 53 (1973), 309-329 (dans Valentin Nikiprowetzky, *Étu-*

des philoniennes, Paris, Cerf, 1996, 111-131 ; p. 121).

7. Sur l'allégorie, on lira J. Pépin, *La tradition de l'allégorie. De Philon d'Alexandrie à Dante*, Paris, Études augustiniennes, 1987.

8. *Contre les hérésies*, 4, 26, 1 ; trad. A. Rousseau, Paris, Cerf, 1991.

9. *De opificio mundi*, § 16 ; trad. R. Arnaldez, Paris, Cerf, 1961, 151-152.

10. Homélie III, 215-219 : Ph. Gignoux, *Narsaï, Homélies sur la création, Patrologia orientalis* XXXIV, 1968, p. 24 [442], 179 [597].

11. Ces idées se trouvent dans son livre *L'étoile de la rédemption*, traduit de l'allemand par Alexandre Derczanski et Jean-Louis Schlegel en 1982. L'édition que j'utilise a été entièrement revue et annotée par J.-L. Schlegel, Paris, Seuil, 2003 (préface de Stéphane Mosès). Pour les textes cités, voir p. 175-176, 191, 193. Il y a dans ce *dédoublement* de la création — d'abord le monde, structure universelle avec la conscience imprécise d'être « créature », puis l'« être-là », la création créée — une résonance hégélienne ; cf., par exemple, le commencement du chapitre VII de la *Phénoménologie de l'Esprit*, où Hegel décrit le dédoublement de la conscience de soi de l'esprit qui est à l'origine de la religion.

12. *Écrits intertestamentaires*, trad. A. Caquot, Paris, Gallimard, Bibliothèque de la Pléiade, 1987, p. 641-642.

13. Sources chrétiennes 26 *bis*, p. 105-107.

14. Mimra 1.81 : Théodore Bar Koni, *Livre des scolies*, Addai Scher, éd., *CSCO*, *Scrip. syri*, Série IIe, tomes 65/66, 1910/1912 ; trad. R. Hespel et R. Dra-

guet, *CSCO* 431/432, *Script. syri* 187/188, Louvain, 1981/1982.

15. *Homélies sur l'Hexaéméron*, éd. et trad. St Giet, SC 26 *bis*, Paris, 1968, p. 237.

16. Pour cette interprétation « physique » du texte, voir Monique Alexandre, *Le commencement du Livre, Genèse I-V. La version grecque de la Septante et sa réception*, Paris, Beauchesne, 1988, p. 109-110.

17. *Augustin the Reader*, Harvard University Press, 1998, p. 165-168.

18. Trad. Chantal Labre, Paris, Arléa, 2002, p. 35.

19. *Érasme*, Paris, Robert Laffont, 1992, trad. A. J. Festugière, 1971, revue par A. Godin, p. 571-572.

20. J'utilise le riche article de B. Chédozeau, « Les préfaces de la Bible de Port-Royal », dans *Entrer en matière. Les prologues*, éd. J.-D. Dubois et B. Roussel, Paris, Cerf, 1998, p. 473-484.

21. In *De l'Allemagne*, éd. P. Grappin, Paris, Gallimard, 1998, p. 280, 283-284, 285.

22. Voir son étude dans Adolf von Harnack, *Marcion, l'Évangile du Dieu étranger*, trad. B. Lauret avec contributions de B. Lauret, G. Monnot, E. Poulat et M. Tardieu, Paris, Cerf, 2003, p. 322-323.

23. Lauret, p. 334.

24. J. Sirinelli dans *Eusèbe de Césarée. La préparation évangélique*, introduction générale. Livre I, par J. Sirinelli et É. des Places, SC 206, Paris, 1974, p. 231.

25. J'utilise le texte publié par E. Auerbach dans *Mimesis. The Representation of Reality in Western Literature*, trad. W. R. Trask, Princeton University Press, 1953, nouvelle édition, 2003, avec une introduction d'Edward W. Said, p. 143-161.

26. Voir pourtant le commentaire d'E. W. Said à l'idée d'Auerbach (développée dans *Mimesis* et dans *Scenes from the Drama of European Literature*) que la notion de *figure* « also functions as a middle term between the literal-historical dimension and, for the Christian author, the world of truth, *veritas* ». Ainsi *figure*, plutôt que suggérer « an inert meaning for an episode or character in the past », se révèle comme une sorte d'énergie spirituelle qui établit une vraie connection entre le passé et le présent, c'est-à-dire l'histoire et la vérité chrétienne, ce qui est fondamental pour toute interprétation, p. XXI-XXII.

27. Cité d'après l'édition établie par L. Desgraves, Montesquieu, *Pensées, Le spicilège*, Paris, Robert Laffont, coll. Bouquins, 1991, p. 718.

3. LA CONVERSION AU CHRISTIANISME

1. J. Guttmann, *Histoire des philosophies juives. De l'époque biblique à Franz Rosenzweig*, trad. de l'anglais par S. Courtine-Denamy, Paris, Gallimard, 1994, p. 50.

2. W. Kinzig et M. Vinzent, « Recent Research on the Origin of the Creed », *JTS* 50 (1999), p. 535-559.

3. J.-A. Jungmann, *Missarum sollemnia*, vol. I, Paris, 1951, p. 33.

4. Jungmann, p. 56.

5. Voir G. G. Willis, *A History of early Roman Liturgy. To the Death of Pope Gregory the Great*, Londres, The Boydell Press, 1994.

6. A. P. Hayman, *The Disputation of Sergius the Stylite against a Jew*, *CSCO* 338, Scr. Syri 152

(texte syriaque) ; *CSCO* 339, Scr. Syri 153 (trad. anglaise), Louvain, 1973.

7. Voir à ce propos S. Brock, « Jewish Tradition in Syriac Sources », *Journal of Jewish Studies* 30 (1979), p. 212-232.

8. Willis, p. 123.

9. Voir la contribution de H. Hübner dans *Hebrew Bible/Old Testament. The History of its Interpretation*, vol. I/1, *From the Beginnings to the Middle Ages*, Göttingen, 1996, ch. IX, p. 332-372.

10. Voir Francisco Rico, *Le rêve de l'humanisme. De Pétrarque à Érasme*, trad. fr. Tellez-Segonds, Paris, Les Belles Lettres, 2002, p. 143-144.

11. V. A. Tcherikover et A. Fuks, *Corpus papyrorum judaicarum*, vol. I, Harvard University Press, 1957, p. 96-97.

12. G. Dagron dans « Juifs et chrétiens dans l'Orient du VIIe siècle » (avec V. Déroche), *Travaux et mémoires* 11, 1991, p. 17-46.

13. Voir P. Petit, *Libanius et la vie municipale à Antioche au IVe siècle après J.-C.*, Paris, Paul Geuthner, 1955, p. 210.

14. *Monumenta Germaniae Historica*, I/1 : *Leges Visigothorum*, éd. K. Zeumer, XII, 2, 13,14 et 17 (*Liber iudiciorum*), Hannover et Leipzig, 1973 (1902), p. 418-426. Un recueil de ces textes fut établi au temps du roi Recesvinte. La recension finale est l'œuvre du roi Ervige. Tous ces textes furent traduits au Moyen Âge en hispano-roman sous le titre *Fuero Juzgo*, voir éd. Zens, Barcelone, 1968 : t. II, p. 242-251.

15. Zeumer, XII, 2, 14, p. 421-422 ; voir aussi José Orlandis, *Historia de España*. Tomo IV. *Época visigoda (409-711)*, Madrid, Gredos, 1987, p. 131.

16. Zeumer, XII, 16, p. 424 : *tam novis et atrocioribus penis adflictus morte turpissima perimatur.* La raison du châtiment est claire : ce chrétien est passé « du meilleur au pire ».

17. Orlandis, p. 142-143.

18. Déroche, « Doctrina Jacobi », I, 7, dans *Travaux et mémoires*, p. 76-77.

19. Zeumer, XII, 17, p. 425-426, et 427 (Egiga).

20. N. Wachtel, *Annuaire du Collège de France 2001-2002*, p. 620-622.

21. Y. Yovel, *Spinoza et autres hérétiques*, Paris, Seuil, 1991, p. 117-132.

22. *Œuvres* III, *Traité théologico-politique*, texte F. Akkerman, trad. et notes J. Lagrée et P.-F. Moreau, Paris, PUF, 1999, chap. III, 12, p. 177. Voir les réserves de Yovel en ce qui concerne les juifs de Portugal p. 239-240.

23. Voir Ph. van Limborch, *De veritate religionis christianae. Amica collatio cum erudito Judæo*, 1687, p. 89, cité par Lagrée-Moreau, Spinoza, *op. cit.*, p. 721, n. 44.

24. Yovel, p. 91.

25. Traduction du texte original arabe par Ch. Touati, *Le Kuzari*, Paris, Éditions Verdier, 2001, p. 6.

26. J. I. Israel, *Radical Enlightenment. Philosophy and the Making of Modernity 1650-1750*, Oxford University Press, 2001 (réimpr. 2003), p. 454-466. Voir aussi F. E. Manuel, *The Broken Staff. Judaism through Christian Eyes*, Harvard University Press, 1992, p. 94-95.

27. Yovel étudie le témoignage d'Orobio dans *Spinoza et autres hérétiques*, p. 77-79.

28. Dante, *Œuvres complètes*, trad. sous la direction de Christian Bec, La Pochothèque, 1996.

29. Camille Jullian, dans un petit livre, Montesquieu, *Extraits de l'Esprit des lois et des Œuvres diverses*, Paris, Hachette, 1896, écrit : « Leurs pères. C'est une idée chère à Montesquieu, grand partisan de la puissance paternelle comme force réprimante ; cf. *Lettres Persanes*, LXXIX : Les pères sont l'image du créateur de l'univers. »

30. S. D. Goitein, *A Mediterranean Society. An Abridgment in One Volume*, éd. Jacob Lassner, University of California Press, 1999.

31. Goitein, p. 304.

32. Cité par Dominique Bourel, *Moses Mendelssohn*, Paris, Gallimard, 2004, p. 235.

33. Voir E. Schürer, *The History of the Jewish People in the Age of Jesus Christ (175 B.C.-A.D. 135)*, version anglaise de G. Vermes, F. Millar et M. Goodman, vol. I, Édimbourg, 1973, p. 194-197 et vol. III, 1986, p. 4-5.

34. Pour la Diaspora, voir Schürer, vol. III, p. 3-17.

4. L'OCCIDENT CHRÉTIEN

1. *Œuvres* III. *Traité théologico-politique*, texte F. Akkerman ; trad. et notes J. Lagrée et P.-F. Moreau, Paris, PUF, 1999 : chap. XVII, p. 575. J'ai déjà utilisé ce texte dans *Mon père, l'Araméen errant*, Paris, Albin Michel, 2003, p. 203.

2. Yovel, *Spinoza et autres hérétiques*, p. 236.

3. *Œuvres complètes*, tome cinquième, Paris, 1907, p. 242.

4. Je cite l'œuvre de Hannah Arendt, *Les origines du totalitarisme. Eichmann à Jérusalem*, d'après l'édition établie sous la direction de Pierre Bouretz,

Paris, Gallimard, 2002. *Les origines du totalitarisme* comportent trois sections, chacune avec des traducteurs de l'allemand différents : I. L'antisémitisme. II. L'impérialisme. III. Le totalitarisme. L'analyse d'Arendt que je résume ici se trouve dans la première section, p. 219-366.

5. *The Broken Staff. Judaism through Christian Eyes*, p. 273.

6. Yirmiyahu Yovel, *Les juifs selon Hegel et Nietzsche*, Paris, Seuil, 2001, p. 226-227, 290-293.

7. Manuel, *The Broken Staff*, p. 263-265.

8. Arendt commente aux pages 287-288 le texte de Herder, « Über die politische Bekehrung der Juden », *Adrastea und das 18. Jahrhundert*, Berlin, 1801-1803.

9. Ce texte fait partie de la réponse de Mendelssohn à Lavater (voir *infra*), publiée par Bourel, *Mendelssohn*, p. 234.

10. Y. Yovel, *Les juifs selon Hegel et Nietzsche*, p. 38 et 39.

11. J'utilise l'édition bilingue allemande-espagnole de J. Monter Pérez, Madrid, Anthropos, 1991, où le texte publié, *Jerusalem oder über religiöse Macht und Judentum von Moses Mendelssohn*, est celui de la première édition, Berlin, Friedrich Maurer, 1783, p. 31-32 (p. 151-152). Traduction française de Dominique Bourel dans *Jérusalem*, avec une préface d'Emmanuel Levinas, Paris, Les Presses d'aujourd'hui, 1982, p. 123.

12. Georges Cattaui, *L'amitié de Proust*, Cahiers Marcel Proust 8, NRF, 1935 (5e édition).

13. Dans le volume *Les origines du totalitarisme. Eichmann à Jérusalem*, p. 1343.

5. DEUX RELIGIONS CONTIGUËS

1. Livre I, 4 et 5. Touati, p. 5-7 (n. 74).

2. Citation chez Bourel, *op. cit.*, p. 346.

3. Trad. Michel Foucault, Paris, Vrin, 2002, Livre I, § 46, note p. 120.

4. Voir *De la réforme politique des Juifs*, trad. J. Bernouilli, Paris, Stock, 1984, p. 48-49 ; cité par Yovel, *Les juifs...*, p. 69. Dans son *Mendelssohn*, Bourel consacre à la figure et à l'œuvre de Dohm un chapitre riche en renseignements qui porte le titre significatif de « Vers l'émancipation », p. 255-304.

5. C. Roth, « The Jews of Western Europe (from 1648) », dans *The Jews. Their History*, Louis Finkelstein, éd., New York, Schocken Books, 1972 (2e éd.), 259-304 ; p. 271.

6. « L'antisémitisme », *op. cit.*, p. 289.

7. Bourel, *op. cit.*, p. 308 avec bibliographie.

8. Cité par Bourel, *op. cit.*, p. 228.

9. Manuel, *The Broken Staff*, *op. cit.*, p. 278-280.

10. Je cite d'après Bourel qui remarque que le texte est celui « de la dédicace signé du 25 août 1769 qu'on ne trouve — sans doute pour des raisons de délai de censure — que dans les exemplaires diffusés en Allemagne », p. 232.

11. Deuxième partie, p. 23-25 ; Bourel, p. 118-119 (voir ici p. 284 note 11).

12. Voir le texte dans Pierre-Henri Tavoillot, *Le crépuscule des Lumières*, Paris, Cerf, 1995, p. 50-73.

13. Texte de Jacobi cité par Philonenko dans *Qu'est-ce que s'orienter dans la pensée ?*, de Kant, introduit, traduit et annoté par Alexis Philonenko, préface de Ferdinand Alquié, Paris, Vrin, 2001, p. 16.

14. Tavoillot, *op. cit.*, p. 136-137.

15. Yovel, *Les juifs...*, p. 88-89.

16. Textes de Mendelssohn cités par J. Israel dans *Radical Enlightenment. Philosophy and the Making of Modernity*, *op. cit.*, p. 658-659.

17. Voir par exemple les remarques de Hegel : « C'est l'affaire de Jacobi de substituer aux idées philosophiques des *expressions* et des *mots* dont on ne doit avoir ni la conscience ni l'intelligence : *ils pourraient bien avoir aussi un sens philosophique*, mais Jacobi polémique justement contre les philosophies où l'on s'en occupe sérieusement et où la signification philosophique de ces termes se trouve explicitée [...]. Sur l'expérience en général, et l'individualité du sens qui en détermine l'étendue et la beauté, sur le fait que grâce à la raison l'expérience humaine revêt un caractère différent de l'expérience animale, de même que sur la présentation empirique de l'individualité subjective ou du sens, Jacobi a parfois des expressions pleines de sens et d'esprit [...]. Les expressions où se reflète l'expérience et qui la concernent sont riches spirituellement, parce qu'elles font allusion à des idées spéculatives ; l'intérêt des écrits de Jacobi tient à cette musique de l'assonance ou de la dissonance des idées spéculatives, mais comme ces idées se détachent dans le milieu de l'être absolu posé par la réflexion, cette musique se réduit à un tintement, et elle ne peut parvenir à ce qui est attendu lorsqu'il s'agit de science, à une parole scientifiquement articulée, au Logos. » Hegel, *Glauben und Wissen*, trad. Méry, p. 245 et 242 (cité par L. Guillermit dans *Jacobi, David Hume et la croyance. Idéalisme et réalisme*, Vrin, 2000, p. 65).

À propos de l'attitude de la pensée à l'égard de l'objectivité, Hegel commente les idées de Jacobi sur le savoir immédiat ou la croyance et conclut qu'elles érigent l'immédiateté du mode sur lequel un contenu se trouve dans la conscience. Voici des remarques qui me paraissent très pertinentes : « Les expressions de Descartes quant à la proposition selon laquelle le Je, en tant que pensant, est inséparable de l'être, savoir : que cette corrélation est contenue et fournie dans l'intuition simple de la conscience, qu'elle est purement et simplement quelque chose de premier, un principe, ce qui est le plus su et le plus évident, en sorte qu'on ne pourrait se représenter aucun scepticisme, si immense soit-il, qui ne l'admît — ces expressions sont si parlantes et déterminées que les propositions modernes de Jacobi et d'autres quant à cette liaison immédiate ne peuvent passer que pour des répétitions superflues. » *Encyclopédie des sciences philosophiques en abrégé*, trad. M. de Gandillac, Paris, Gallimard, 1970, p. 129.

18. Bourel, p. 418 et 413-414.

19. Bourel, p. 439.

20. Bourel, p. 434

21. *L'esprit du christianisme et son destin*, traduit en français par Olivier Depré (Paris, Vrin, 2003), avait déjà été publié par Depré dans G. W. F. Hegel, *Premiers écrits* (Francfort 1797-1800), Paris, Vrin, 1997.

22. Traduction de J.-P. Lefebvre, Paris, Aubier, 1991, p. 243 (278 de la pagination de l'édition princeps de 1807).

23. Yovel, p. 174.

24. Le texte français, œuvre collective d'un groupe de travail de l'université de Poitiers, a été publié sous la direction de Guy Planty-Bonjour, Paris, PUF, 1983. Le texte allemand ne fut pas publié

par Hegel lui-même ; il fut édité par H. Nohl dans *Hegels theologische Jugendschriften* (Tübingen, 1907), où il occupe les pages 152-213.

25. Yovel, *Les juifs…*, *op. cit.*, p. 65.

26. Cet aspect de la personnalité de Steinheim est bien mis en relief par le texte cité dans *The Jewish Philosophy Reader*, D. H. Frank, O. Leaman and Ch. H. Manekin, éd., Londres, Routledge, 2000, p. 400-404.

27. Il y a une traduction anglaise de 1925 faite à Florence. J'utilise ici la première réédition en langue française avec une préface de Shmuel Trigano, Paris, In Press, 2000.

28. Benamozegh, p. 24.

29. Peut-être Benamozegh veut-il suivre ici la pensée de Spinoza, mais sans le suivre dans ses conclusions qui sont délétères sur l'État des Hébreux en exil.

30. L. Strauss, « How to Study Spinoza's *Theologico-Political Treatise* », dans *Proceedings of the American Academy for Jewish Research* 17 (1948), p. 69-131 (publié maintenant dans Leo Strauss, *Jewish Philosophy and the Crisis of Modernity. Essays and Lectures in Modern Jewish Thought*, K. H. Green, éd., Albany, State University of New York, 1997, 181-233). Il y a une traduction française, que j'utilise ici, dans *La persécution et l'art d'écrire*, trad. O. Sedeyn, Paris, Éditions de l'Éclat, 2003, p. 216-218.

31. P. 79-80.

32. Hannah Arendt, « Qu'est-ce que la liberté ? », dans *La crise de la culture*, trad. de l'anglais par A. Faure et P. Lévy, Paris, Gallimard, Folio Essais, 1972, p. 204-205.

33. Voir Walter Jacob, *Christianity through Jewish*

Eyes. The Quest for Common Ground, Hebrew Union College Press, 1974, p. 24-33 avec des références à ses ouvrages.

34. Walter Jacob, *Christianity through Jewish Eyes*, *op. cit.*, p. 93-110.

35. H. Küng, *op. cit.*, p. 191 ; voir aussi W. Jacob, p. 162-163.

36. *Traité théologico-politique*, IV, 10 (p. 197).

37. Traduction de F. Lagny et M. B. de Launay, Paris, PUF, 1994.

38. La période couverte par l'auteur va de 1789 à 1938. L'œuvre, en deux volumes, fut traduite du russe en français par Salomon Jankélévitch et publiée chez Payot en 1933. Le texte que j'utilise est celui des Éditions du Cerf, 1994, avec une préface de Pierre Vidal-Naquet.

39. Doubnov, *op. cit.*, p. 1017-1029.

40. P. 1033-1035.

41. P. 1077-1078.

42. Il faut noter que, pour Doubnov, le destin du peuple juif était de vivre en diaspora : il s'opposa radicalement à l'assimilation autant qu'au sionisme et sur la « nation » juive il tint des propos difficilement acceptables. Dans une de ses lettres, que P. Vidal-Naquet cite dans sa préface au livre de l'auteur, on lit : « Pour faire partie de la nation française, il faut être né français, descendre des Gaulois ou d'une race parente, ou bien au cours des générations se lier aux Français et assimiler les traits particuliers qui résultent de l'évolution historique du peuple français. Car les juifs qui sont nés en France et qui y vivent continuent à faire partie de la nation juive et, consciemment ou non, portent en eux et sur eux l'empreinte de l'évolution historique. » Vidal-Naquet

a justement réagi : « C'est en lisant des textes que je viens de citer qu'on se rend compte du chemin parcouru par l'histoire. Des expressions qui choquaient peu de monde à la fin du siècle dernier, en tout cas en Russie, rendent aujourd'hui un son inacceptable. Mais, même à l'époque où ils ont été écrits, peu de juifs français auraient accepté de contresigner ces propos. Il est vrai pourtant qu'un mode de citoyenneté existait, sur lequel Simon Doubnov n'a cessé de réfléchir, et on en verra dans ses deux volumes plus d'un exemple. C'est le modèle américain de respect des communautés, avec le risque que l'on connaît, celui de la "dérive communautaire" dont on voit les effets au Liban, dans l'ex-Yougoslavie, parfois même en France. »

43. Pierre Bouretz, *Témoins du futur. Philosophie et messianisme*, Paris, Gallimard, 2003, p. 29.

44. Bouretz, *op. cit.*, p. 33.

45. J'emprunte la citation au livre *La fortune morale* qui réunit une série d'articles de l'auteur ; trad. J. Lelaidier, Paris, PUF, 1994, p. 52-62.

46. Bouretz, p. 47-48.

47. Trad. de l'allemand par Marc B. de Launay et Carole Promsy, Paris, Cerf, 1990.

48. *Op. cit.*, p. 86-87.

49. Peter E. Gordon, *Rosenzweig and Heidegger : Between Judaism and German Philosophy*, University of California Press, 2003 ; Bouretz, *Témoins du futur*, voir aussi Jacob, *Christianity through Jewish Eyes*, *op. cit.*, p. 85-86.

50. Bouretz, p. 38 (citant Rosenzweig).

51. *Religion de la raison*, p. 48 : voir Bouretz, p. 42 et p. 961 n. 62.

52. Cité par Bouretz, p. 43 et 44.

53. Franz Rosenzweig, *L'écriture, le verbe et autres essais*, trad., notes et préface de J.-L. Evard, Paris, PUF, 1998, p. 113-130.

54. Rosenzweig, *L'écriture*, p. 123-124.

55. Rosenzweig, « La pensée nouvelle », publiée dans Foi et savoir. *Autour de « L'étoile de la rédemption »*, intr., trad. et annoté par G. Bensussan, M. Crépon et M. de Launay, Paris, Vrin, 2001, p. 162. Il s'agit d'un texte récapitulatif de 1925 dans lequel Rosenzweig revient sur son livre *L'étoile de la rédemption.*

56. Article publié dans *La pensée de Franz Rosenzweig*, Actes du colloque parisien organisé à l'occasion du centenaire de la naissance du philosophe, Arno Münster, éd., Paris, PUF, 1994, p. 27.

57. « La pensée nouvelle », p. 151.

58. Cette relation je-tu, c'est-à-dire la vie en dialogue dont a souvent parlé Martin Buber, trouve ses racines chez Hermann Cohen et, pour la réflexion de celui-ci sur l'éthique, voir Peter E. Gordon, *Rosenzweig and Heidegger*, p. 57 ; P. Bouretz a bien souligné les différences entre Cohen et Buber dans *Témoins du futur*, p. 104.

59. *Système et Révélation. La philosophie de Franz Rosenzweig*, Paris, Bayard, 2003 (2e éd.).

60. Stéphane Mosès, dans la préface au livre de Rosenzweig, p. 10 (voir p. 278). Plus récemment, Pierre Bouretz a étudié de manière lucide la position de Rosenzweig à l'égard de la philosophie de Hegel dans *Témoins du futur*, p. 145-169.

61. D. Biale, *Gershom Scholem. Cabale et contre-histoire*, trad. de l'anglais par J.-M. Mandosio, Nîmes, Édition de l'Éclat, 2001 (première édition Harvard University Press, 1979), p. 214.

62. Rosenzweig, *L'étoile de la rédemption*, p. 151-152.

63. Pierre Bouretz, *Témoins du futur*, p. 92.

64. G. Bensussan, « État et éternité chez Franz Rosenzweig », dans *La pensée de Franz Rosenzweig*, Actes du colloque parisien organisé à l'occasion du centenaire de la naissance du philosophe, Arno Münster, éd., Paris, PUF, 1994, p. 137-147.

65. Biale, *op. cit.*, p. 177-178

66. Bouretz, p. 202-203.

67. Mosès, p. 210 (voir n. 59).

68. Benamozegh, *op. cit.*, p. 28.

69. Rosenzweig, *Foi et savoir*, p. 164.

70. Mosès, *Système et Révélation*, p. 223.

71. *Foi et savoir*, p. 168.

72. La citation est de Daniel Tanguay, voir son étude, *Leo Strauss. Une biographie intellectuelle*, Paris, Grasset, 2003, p. 227.

73. Mosès, p. 231.

74. *Lettres sur la morale et la religion*, trad. J.-L. Bruch, Paris, 1969, p. 95.

75. « Je suis entré où ne savais », trad. B. Sesé, Éditions Obsidiane, 1983, p. 56.

6. MESSIANISME. SIONISME. LAÏCITÉ

1. Bouretz, *op. cit.*, p. 356-357 et p. 358 (avec un renvoi à *Sabbataï Tsevi. Le messie mystique*, trad. fr., Paris, Verdier, 1983 ; voir aussi p. 1055 et note 187).

2. Judah Goldin, « The Period of the Talmud », dans *The Jews. Their History*, Louis Finkelstein, éd., New York, Schocken Books, 1972 (2e éd.), 119-224 ; p. 197.

3. Voir Goldin, p. 205.

4. Itzhak Ben-Zvi, « Eretz Yisrael under Ottoman Rule, 1515-1917 », dans *The Jews. Their History*, *op. cit.*, p. 399-486.

5. B. Wasserstein, *Divided Jerusalem. The Struggle for the Holy City*, Yale University Press, 2002, p. 45-46.

6. Voir Eliezer Schweid, « Ahad Ha'am », *Encyclopaedia judaica*, vol. 2, Jérusalem 1971, cols. 439-448, et un résumé de sa pensée dans *The Jewish Philosophy Reader* (note 123), p. 553-556 ; Doubnov, p. 1413-1421 ; également importantes, comme l'on pouvait s'y attendre, les pages dédiées au mouvement nationaliste et révolutionnaire dirigé par Theodor Herzl ; pour les premiers congrès sionistes (1897-1900), voir p. 1377-1404.

7. Biale, *op. cit.*, p. 40-41, 171-173.

INDEX DES NOMS ET ŒUVRES*

* Établi par Iseut Bellock-Swain.

INDEX DES NOTIONS*

* Établi par l'auteur.

APPENDICES

DU MÊME AUTEUR

THE PAGAN GOD. POPULAR RELIGION IN THE GRECO-ROMAN NEAR EAST, Princeton University Press, 1977.

THE PANTHEON OF PALMYRA. ÉTUDES PRÉLIMINAIRES AUX RELIGIONS ORIENTALES DANS L'EMPIRE ROMAIN, vol. 79, Leyde, 1979.

UN PORT ROMAIN DU DÉSERT : PALMYRE ET SON COMMERCE D'AUGUSTE À CARACALLA, Paris, Maisonneuve, 1984.

BULLETIN D'ÉPIGRAPHIE SÉMITIQUE (1964-1980), Paris, P. Geuthner, 1986.

L'UNIVERS PHÉNICIEN, en collaboration avec Michel Gras et Pierre Rouillard, Paris, Arthaud-Flammarion, 1989 ; Hachette Littératures, 1995.

BARDESANE D'ÉDESSE. LA PREMIÈRE PHILOSOPHIE SYRIAQUE, Paris, Éditions du Cerf, 1992.

LA FILOSOFÍA TRADUCIDA. CRÓNICA PARCIAL DE EDESA EN LOS PRIMEROS SIGLOS, Barcelona, 1992.

ARISTOTE EN SYRIAQUE. PAUL LE PERSE, LOGICIEN DU VIe SIÈCLE, Paris, Éditions du CNRS, 2003.

MON PÈRE, L'ARAMÉEN ERRANT, Paris, Albin Michel, 2003.

Composition Nord Compo.
Impression Société Nouvelle Firmin-Didot
à Mesnil-sur-l'Estrée, le 7 août 2006.
Dépôt légal : août 2006.
Numéro d'imprimeur : 80856.

ISBN 2-07-033955-6/Imprimé en France.

144938